課題解決に
つながる

# 「実践
# マーケ
# ティング」
# 入門

理央 周
Rio Meguru

日本実業出版社

# はじめに

　マーケティングの本は読んでいる。フレームワークも覚えている。新しい手法やツールも導入している。それでも成果につながらない……。

　「マーケティングの問題をどう解決すればいいか」という質問を、クライアント、経営者、マーケティング担当者、セミナー受講者のみなさんから、これまでたくさん受けてきました。

　多くの人から質問を受けていると、マーケティングの原理原則を押さえておくことこそが重要なのだと痛感します。

　アマゾンやマスターカードなど10社でマーケティング・マネジャーを務め、いまはマーケティングのコンサルタントをしている私にとって、ビジネスパーソンのマーケティングに関する理解がバラバラであることはたいへんもどかしく感じるものです。

## ■マーケティングの原理原則とは？

　いまはさまざまなプロダクトが多くあり、生活者（消費者）のニーズも多様化し、さらにインターネット、SNS、分析ツールなど顧客とのコミュニケーションの手段も増えています。

　そんな激変する環境の中で、マーケティングの実務担当者に必要なものは、多くの選択肢の中から自社にとって最適な一手を見抜く力です。そのためには原理原則への理解が不可欠です。

　マーケティングの原理原則は、ひと言でいうと「顧客を喜ばせること（顧客歓喜）」にあります。そのためには、本当に必要としている人に、自社やプロダクトの魅力を的確に伝えて、共感してもらって買ってもらうことが不可欠です。

　その積み重ねによって、顧客と良好な関係を築くことが大切です。強引な営業や販売（セリング）ではなく、顧客が欲しくなるようなプロダ

クトをつくるのです。魅力的なプロダクトをつくるためには、売り手目線ではなく、顧客の目線に立つことが必要になります。そのプロダクトを顧客に届けるためには、セリングではなくマーケティングを意識することが求められます。

マーケティングとは、「自然に売れる仕組みをつくる」活動のことです。その仕組みをつくるためには、「誰に（ターゲット顧客に）」「何を（プロダクト開発）」「どうやって（マーケティング・コミュニケーション）」という切り口で整理することが必要です。

ビジネス上の問題があったときには、このいずれかがうまく噛み合っていないことが原因だと考えられます。その原因がわかれば、問題が課題に変わり、何をすればいいかという対策が考えられます。

## ■本書の構成

本書は、「自然に売れる仕組み」をつくるときのポイントである、「誰に」「何を」「どうやって」にもとづいて構成しました。

第1章では、「マーケティングとは何か？」について、あらためてくわしく説明します。

第2章では、「誰に」「何を」「どうやって」というマーケティング戦略を立案するにあたって、まずそもそも商売のチャンス（機会発見）があるのか、それを調べるための分析やリサーチで必要なことは何かを説明します。その後、どのような目標を立てればよいか、戦略を組み立てればよいかを紹介します。

第3章では、「誰に」のターゲット（想定顧客）設定について見ていきます。マーケティングは顧客を知ることから始まります。どのように想定顧客を設定すればよいか、くわしく説明します。

第4章では、「何を」のプロダクト開発について見ていきます。そもそもそのプロダクト自体に価値がないと顧客に購入してもらえません。プロダクトの価値に注目して解説していきます。

第5章では、「どうやって」のマーケティング・コミュニケーションについて説明していきます。マーケティング・コミュニケーションとは、顧客に商品の価値を伝えることです。顧客にプロダクトの価値を伝えるときのポイントを紹介します。

　第6章では、実践マーケティングの応用編として、仕組み化について解説していきます。CRM、プラットフォーム戦略などを紹介します。

　私がよく質問や相談を受ける課題をピックアップし、ご一読いただければ、マーケティングの基礎知識を網羅できるように構成しました。なお、本書で紹介している事例については、特定の業界や企業に偏らないように選んでいます。事例については、「自分のビジネスではどう使えるか？」を意識しながら読み進めてほしいと思います。

　マーケティング担当者はもちろん、中小企業・スタートアップの経営者、新規事業担当者を始めとする、マーケティングの実務で奮闘しているみなさんにとって、本書の内容が少しでもお役に立てば、著者としてこれ以上の喜びはありません。

2017年9月　著者 理央周

第 **3** 章

# 自社プロダクトは 「誰に」 必要とされているのか?
## ──ターゲット設定

第**4**章

# 顧客が本当に欲しいものは何か？
## ——プロダクト開発

第**5**章

# 自社プロダクトを「どうやって」届けるか?
## ──マーケティング・コミュニケーション

# 第6章

# 「実践マーケティング」応用編

カバーデザイン／坂川朱音　(krran)
本文DTP／一企画

第 **1** 章

# マーケティングとは？

# ■Introduction

　現在、ITの進化によって、生活者（消費者）の購買行動が大きく変化しています。生活者が何かを買うことの利便性は高まるばかりです。

　「リアル店舗」に行く前には、商品の特長や類似商品との比較、口コミなどさまざまな情報をインターネットで調べることでしょう。「ネットショップ」であらゆる商品が購入できるようになり、PCやスマートフォンなどインターネットにつながるデバイスさえあれば、いつでもどこでも買い物ができるようになりました。

　こうした生活者の購買行動の大きな変化にともない、マーケティングも変化・発達しています。Webマーケティングの重要性も増しており、SNSをどう活用するかも関心の高いテーマです。最近では、データ分析ツール、AI、マーケティングオートメーションなどを始めとする技術が次々に誕生しています。

　何より最大の変化は、これまでの商品ありきの「売り手目線」でのマーケティングが通用しなくなり、生活者を重視する「買い手目線」に立ったマーケティングへのシフトが求められることです。

　こうした大きな変化の中で、実務担当者に求められるものは何でしょうか？　それは、多くの選択肢の中から自社のビジネスに必要な一手を見極める力です。

　その力を身につけるためには、まずマーケティングの全体像をつかみ、原理原則を理解することです。それができれば、流行の手法論に振り回されることもなくなるはずです。

　本章では、マーケティングが企業経営の中でどのような位置を占めるのか、企業として「利益を生み出す」ために、マーケティングがどういう役割を果たすのかを理解することをゴールとして読み進めてください。

マーケティングの全体像

# 企業は、何を目的に<br>マーケティングをするのか?

「マーケティングって、どういうものですか?」

この質問はシンプルでありながら、実務を進めるうえできわめて重要です。まずは、マーケティングとは何かを把握することから説明していきましょう。

## ■マーケティングの定義

マーケティングとは何か。そう聞かれると、どんなイメージを思い浮かべるでしょうか?

ある人は、テレビCMなどの広告・PRを、別の人は市場調査(マーケティング・リサーチ)を、また別のある人は商品企画をイメージするかもしれません。こうしたイメージは間違っているわけではありませんが、マーケティングの一部に過ぎません。

マーケティングは、扱う領域が広範に渡るため、さまざまな定義や解釈がなされます。「マーケティング」と一口にいっても、会社によって仕事内容が大きく変わることもめずらしくないのです。

本書では、**マーケティングを「自社が収益を好転させるために、顧客に独自価値を提供して、自然に売れる仕組みを構築する活動」**と定義して話を進めていきます。

## ■企業の目標は利益を最大化すること

企業は、ヒト・モノ・カネの経営資源を適切に動かし、利益を最大化することを目指します。企業の最大の目標は、「最適なコストで最大の売上を目指して利益を拡大する」ことです。企業の目的は、自社で製造・販売するプロダクト(自社で取り扱う製品・商品・サービスのこと)を通じて、顧客と社会に貢献することだと私は考えています。そのために

は、プロダクト開発、人材採用、設備投資などに経営資源を効果的に配分しながら、顧客が求めるプロダクトを製造・販売する必要があります。これらを繰り返して事業を継続していくには「利益」が必要不可欠です。

　企業のプロダクトにお金を払ってくれるのは顧客です。顧客は、企業が製造・販売するプロダクトに対して価値を見出したときに対価を支払います。つまり、企業が「こんな魅力的なプロダクトがあるよ」と伝え、顧客が「欲しい。買うよ」とお互いに共感して自然に売れていく仕組みをつくるのです。

## マーケティングの目的とは？

**プロダクトを通じて、価値を提供し、顧客を喜ばせる**

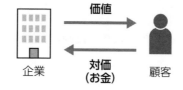

**喜んだ顧客の再購入・紹介・口コミにより売上が上がる**

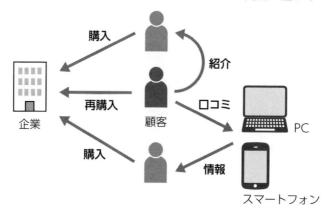

究極の目的はセリング（販売・営業）の努力を不要にすること

「セリング（営業・販売）」の目的が上手な売り方でプロダクトを販売することであるのに対して、「マーケティング」の目的は売れる仕組みを構築することにあるといえます。

マーケティングによってプロダクトの価値や魅力が十分に伝わり、顧客を感動させたり、歓喜させたりすることができれば、再購入（リピート購入）や紹介、口コミにつながりやすくなります。

それにより、新規顧客に買ってもらうためのセリングの負担が軽くなるので、楽に販売できるようになります。その分、プロダクトの開発や自社プロダクトを購入したことのある既存顧客を喜ばせることに集中できます。

この意味で、マネジメントの発明者とされるドラッカーは「マーケティングの究極の目的は、セリングを不要にすることだ」といったのでしょう。

このようにマーケティングの大きな役割は、自社と顧客の関係性をつくり、共感し合うことで自然に売れる仕組みを構築することとなります。

**Point** マーケティングの目的を理解する────────

□マーケティングの目的は、「自社が収益を好転させるために、顧客に
　独自価値を提供して、自然に売れる仕組みを構築する」こと

□マーケティングによって、顧客との良好な関係性ができると、再購入・
　紹介・口コミなどにつながる

□マーケティングが機能すれば、セリング（営業・販売）の負担が軽く
　なり、顧客を喜ばせることに集中できる

マーケティング活動の流れ

# マーケティング活動の全体像が よくわからない

　マーケティング活動は、「自社が収益を好転させるために、顧客に独自価値を提供して、自然に売れる仕組みを構築する」ことだと説明しました。では、マーケティング活動の流れはどのようになっているのでしょうか?

## ■「誰に」「何を」「どうやって」で考える

　マーケティング活動を、もっとわかりやすく表現すると、「誰に」「何を」「どうやって」を考えて自然に売れる仕組みを構築することです。

- **誰に (市場調査・分析、機会発見、ターゲット設定)**
  市場を調査・分析し、市場機会を発見し、想定顧客層を設定
- **何を (プロダクト開発)**
  競争優位に立てる独自価値を持つプロダクトを開発
- **どうやって (マーケティング・コミュニケーション)**
  顧客獲得と維持のための仕組みを構築

　ビジネスはどのような場合でも、「顧客を知る」ことから始まります。顧客をとりまく環境を知ることで、いま現在自社が置かれている状況も同時に正しく把握します。

## ■マーケティング活動の大きな流れ

　清涼飲料水の世界的な大企業を例にとると、次のようなステップになります。

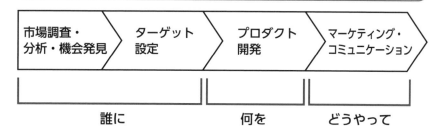

① **市場調査・分析、機会発見**

　定期的な市場調査の結果、健康志向が強まっていることを知る

② **ターゲット設定**

　ターゲット層は「健康に気をつかい始める30代、スポーツ好き」に設定

③ **プロダクト開発**

　主力プロダクトの「C」をより低カロリーにできないか検討。主力プロダクトと同価格帯に設定、自社工場で生産

④ **マーケティング・コミュニケーション**

　ターゲット層が好む都心のコンビニでまずは販売、アスリートをCMに起用し認知度を上げるという戦略を立案。テレビCMとYouTubeでの動画を中心に、雑誌とSNSでの広告を組み合わせる

　といった具合です。

　この一連の流れでマーケティングを理解しておけば、それぞれのステップで問題を発見し、課題を形成しやすくなります。

　問題とは起こっている現象のことであり、課題とは問題を解決するためにとるべき行動のことです。

　たとえば、「プロダクト開発」であれば、「認知はされているものの、売上につながらない」ということが問題であり、「顧客にプロダクトの価値を的確に伝えること」が課題となります。

マーケティングの実務上の課題を解決するために奮闘していると、マーケティングの全体像を見失ってしまうことがあります。目の前の課題に取り組んでいるうちに、視野がどんどん狭くなってしまうためです。

　実務で大切なことは、常に全体像を把握しながら、自分たちが取り組んでいる課題の位置づけを理解することです。

　このように、「誰に」「何を」「どうやって」を意識してマーケティング活動の全体像を押さえたうえで、課題の解決に取り組むようにしましょう。

　本書では、私がコンサルティングの現場やセミナー・講演などの経験をベースに、読者のみなさんが直面しやすい課題を紹介していきます。

**Point**　**マーケティングの全体像を理解する**────────

□「誰に（市場調査・分析、機会発見、ターゲット設定）」「何を（プロダクト開発）」「どうやって（マーケティング・コミュニケーション）」の流れで整理するとわかりやすい

□一連の流れで理解すれば、解決すべき課題を特定しやすくなる

中小企業とマーケティング活動

# 中小企業に
# マーケティングは必要か？

「マーケティングなんて大企業が考えることでしょ」という声もあります。むしろ中小企業やスタートアップといった小さな会社や、大企業の新規事業責任者こそ、マーケティングを積極的に導入したほうがいいものだと断言できます。

## ■「誰に」「何を」「どうやって」は企業規模に関係ない

「誰に」「何を」「どうやって」を考えて自然に売れる仕組みをつくることは、企業規模の大小を問わず重要なことです。

大企業と中小企業の最大の違いは、保有している経営資源の大きさにあります。当然、何をするかという選択肢が違ってきます。

たとえば、テレビCMには多額の費用がかかりますし、大規模な市場調査と企画には時間と費用がかかります。また人手も十分とはいえません。企画立案と営業活動に関しても、同じ人員が兼任でやらざるをえない場合が大半です。なかには、経営者がマーケターの役割を果たさなければならないケースや、営業部長がマーケティング部長の役割を同時に果たさなければならないケースもあります。

経営資源が豊富とはいえない企業が「自然に売れる仕組み」を構築できれば、こちらから売り込む労力が軽減され、人手が足りなくても売上をつくることができます。ひいては、よりよいプロダクトを開発することに経営資源を効果的に配分できますし、事業を成長・拡大させるなど、選択肢が手に入ります。

大切なのは、マーケティング活動の流れを把握し、ほかの企業でやっているマーケティングの成功事例とその要因を吸収して、自社なりに取り入れることです。

うまくいっている企業とそうでない企業の違いは、マーケティングの視点があるかどうかだといっても過言ではありません。

　マーケティング関連部署がある（マーケティング担当者がいる）に越したことはありませんが、中小企業では一人で何役もこなすことが求められるのが実情でしょう。社員1人ひとりが「マーケティング視点」を持つことが重要です。

　**Point**　**中小企業にもマーケティングは必要**────────

□「自然に売れる仕組み」の重要性に企業規模の大小は関係ない

□経営資源が十分とはいえない企業ほど「自然に売れる仕組み」が必要

□「自然に売れる仕組み」を構築できれば、売り込む労力が軽減され、
　人手が足りなくても売上を上げられる

第 **2** 章

# 自社プロダクトは
# 儲かるのか？
## ——マーケティング戦略

# ■Introduction

　マーケティングとは、「誰に」「何を」「どうやって」を策定して自然に売れる仕組みを構築する活動です。

　このとき、勘・経験・度胸のいわゆるKKDのみに頼っていては、適切な戦略を策定できません。そこで、論理（フレームワーク）と数字による裏づけが必要になります。この論理と数字を、直感と経験値に加味してマーケティングの大きな方向性を定めたものが、マーケティング戦略です。

　マーケティング戦略を立てる前に、企業が知っておきたいことが3つあります。それは、「①自社をとりまく環境はどうなっているか？」「②美味しい（儲かる）市場か？」「③勝てる市場か？」です。

　①の「自社をとりまく環境はどうなっているか？」をふまえて、自社への影響を把握します。②の「美味しい市場」とは攻略に値する儲かる市場のことであり、③の「勝てる市場」とは、同じ事業領域にいる競合よりも優位に戦える（顧客から選んでもらえる）市場のことです。

　これら3つの重なるところで自社プロダクトが売れる機会を発見する必要があります。

　情報を収集し、市場・自社・競合を分析し、機会発見をする。その機会発見をもとにマーケティング目標設定（売上・市場シェア・認知度の向上など）をして、戦略を構築し、それを具体的な戦術に落とし込んでいく、という流れになります。

　本章では、データ収集、分析、機会発見、目標設定、マーケティング戦略の流れについて、基本的な考え方とフレームワークをわかりやすく解説していきます。

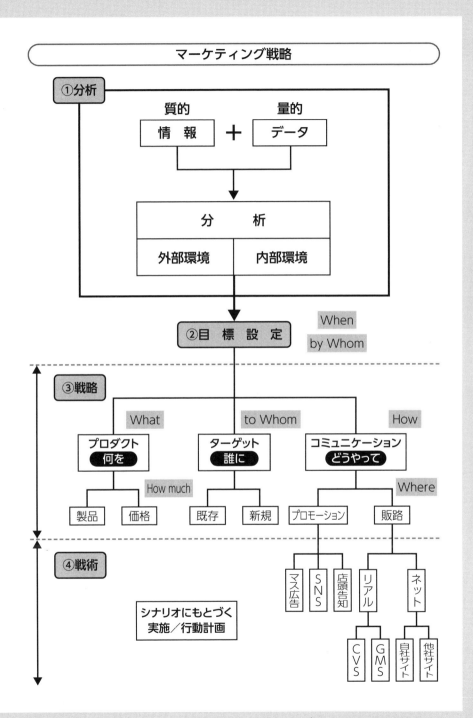

# ISSUE 2-1 何を分析すればいいのか わからない

　企業として適切な「打つ手」を見出すためには、分析によって現状を正しく把握することが必要です。分析の目的は、「自社をとりまく環境はどうなっているか？」「美味しい（儲かる）市場か？」「勝てる市場か？」を把握して、戦略の精度を上げていくことにあります。

　そのためには、フレームワーク単体ではなく、さまざまなフレームワークの関係性を理解したうえで組み合わせて分析し、得られる結果の精度を上げていきます。

## ■外部環境の変化をつかむPEST分析

　分析の基本は、「大から小へ」です。広く大きなところから「鳥の目」で全体を俯瞰し、身近なところを「虫の目」で観察・確認していきます。

　鳥の目で把握すべきは、自社をとりまく環境である「外部環境」です。マーケティング戦略を策定するときには、外部環境の中で、自社のビジネスに影響をもたらすものを予測することから始めます。

　具体的には、政治（Politics）・経済（Economics）・社会（Society）・技術（Technology）の４つの変化に着目し、自社のビジネスにどう影響するのかを想定します。この４つの頭文字をとって「**PEST分析**」と呼びます。

　具体的には、
- 政治（P）：法律や規制、税制の変化、各国の政権の動向
- 経済（E）：景気の動向、物価、為替の変動
- 社会（S）：人口の増減や流行の傾向
- 技術（T）：AIやIoTなどの普及、SNSの多様化
  といったものです。

この4つを把握して、「外部環境に変化が起こったら、自社はどのような影響を受けるのか？」という知見を導き出し、競争のルールの変化や時流、トレンドの波に乗り、生き残るようにしていくのです。ビジネスの原理原則は、強い者が勝つ「弱肉強食」というよりも、環境に適応して変わり続けた者が生き残る「適者生存」にあるからです。

## ■ PEST分析とSWOT分析をつなげる

　PEST分析を効果的に使うためには、自社の強みと弱みを知っておく必要があります。ここで使えるフレームワークが「**SWOT分析**」です。

　SWOT分析とは、強み（Strengths）、弱み（Weaknesses）、機会（Opportunities）、脅威（Threats）の頭文字をとったもので、事業戦略やマーケティング戦略を構築するときに使うフレームワークです。

　PEST分析とSWOT分析には密接なつながりがあります。PEST分析で外部環境の変化とその影響を把握できていれば、自社にとって有利に働く「O：機会（チャンス・追い風)」になることと、逆に不利な「T：脅威（リスク・向かい風)」は何か、を想定しやすくなります。

　たとえば、家電量販店であれば、次のとおりです。

①政治（P）：消費税増税→
　• 機会（O）：駆け込み需要がある
　• 脅威（T）：増税直後は買い控えがある
②経済（E）：景気低迷→
　• 機会（O）：節約志向になるから省エネ商品を充実させる
　• 脅威（T）：高価格帯の商品が売れにくくなる
③社会（S）：女性の社会進出→
　• 機会（O）：時短料理ができる商品を販促
　• 脅威（T）：複雑すぎる機能がついている商品は売れにくくなる
④技術（T）：ITの進化→
　• 機会（O）：IoT家電が人気になりそう
　• 脅威（T）：ますますネット通販が台頭する

こうしてPEST分析とSWOT分析をつなげて分析していきます。

## ■市場にいる３種類のプレイヤーを分析する３Ｃ分析

　PEST分析で外部環境を把握できたら、次は市場分析をします。市場では、顧客（Customer）を獲得するために、自社（Company）と競合（Competitor）が競争しています。**３Ｃ分析**とは、これらを分析して、「美味しい市場か？」「儲かる市場か？」「勝てる市場か？」を判断するフレームワークです。

　ドラッカーが「事業の目的は顧客の創造だ」と述べたとおり、顧客獲得とその維持（忠誠心向上と離反防止）がマーケティング活動の中心になります。まずは顧客（Customer）から見ていきます。

　顧客は、自社プロダクトを買ったことがある「既存顧客」と、まだ買ったことがないが買う可能性がある「潜在顧客」に分けられます。既存顧客と潜在顧客の合計人数や合計購入金額が「自社の市場規模」です。

　顧客層の設定（ターゲット設定）については第３章で説明しますが、この段階の分析では、市場規模を想定し、戦うのに値する十分な大きさがあるかどうか、事業として成立する儲けが出るかどうかを把握します。この調査のことを「**マーケット・リサーチ**」と呼びます。

　マーケット・リサーチを通じて、当該市場や業界全般について必要な情報を収集します。清涼飲料水のメーカーであれば、業界内の総生産本数や、メーカー数と各社のシェア、消費者の年間消費数などの定量情報や、購入する際に何を重視するのか、各ブランドの好感度などを調査する定性調査を通じて、十分に商機があるかを判断します。

　経営資源に余裕のある企業では、外部委託をして統計モデルを用いた大規模な独自調査を行います。そうではない企業では、政府や自治体が発行する白書やセンサス（国勢調査や実態調査）を活用したりします。業界関連団体や特定の企業から入手できるデータを参考にすることもあります。

　ほかには、過去に自社プロダクトの購入経験のある顧客が、「いつ、

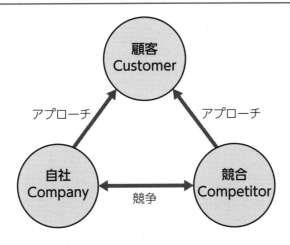

## 3C分析

顧客
Customer

アプローチ　　　　　アプローチ

自社
Company　　　競争　　　競合
Competitor

自社をとりまく環境をふまえて、収益性、競争優位性を分析する

どの商品を、どこで、何個買って、いくら使ってくれたか」を分析する
方法もあります。獲得したい顧客候補の行動や嗜好を推測でき、市場規
模を推定できます。このようにして定量的な情報を押さえます。

　過去に自社プロダクトの購入経験がある顧客を知ることは、自社の強
みを知ることにもつながります。さらに、性別や年齢や職業、住んでい
る地域やライフスタイルを分析し、まだ見ぬ顧客候補を設定し、アプロ
ーチをする際の「的（ターゲット）」にします（第3章で説明）。

### ■ポーターの「5フォース」をもとに競合状況を把握する

　次に、競合（Competitor）について見ていきます。

　経営戦略論の大家であるマイケル・ポーターは、競争が起こりうる5
つの要因として「①業界内の競争」「②代替品の脅威」「③新規参入の育
成」「④買い手の交渉力」「⑤売り手の競争力」を挙げています（**5フォ
ース分析**）。

## ●①業界内の競争

まずは「業界内の競争」を調べます。

現在はさまざまな業界で技術が一定水準に達しているため、自社のプロダクトは生活者から見るとすべて同じに見えています。家電量販店で、「これとこれ、どう違うんですか？」と質問したことがある人も多いでしょう。差別化が難しくなっている現在、自社のプロダクトの価値を生活者に伝えるためには、競合を知り分析することが不可欠です。

業界内の競合を知る際には、次の項目に注目して俯瞰します。

- 競合の数と各社の規模
- 各社の売上や広告販促費
- 認知度やイメージなどのブランド力

このときに気をつけるべきは、買い手（顧客）の立場に立つことです。

たとえば、アップル社のプロダクトであるMacBookの競争状況を考えてみます。パソコンを買い替えようとしている顧客の目線で見ると、アップル社が提供するMac製品か他社が提供するWindows製品のどちらを買うのか、その中のどの機種を買うのか、という直接的な選択肢（競合）として比較されます。

## ●②代替品の脅威

さらに、「代替品の脅威」にも留意します。顧客が欲しがっているプロダクトが、自社と直接的な競合相手の一騎討ちになるとは限らないからです。パソコンを買いたい人が求める機能が、インターネット検索、メール、SNSなどであれば、必ずしもパソコンでなくてもよいかもしれません。タブレット端末やスマートフォンなども間接的な競合として「代替品」の選択肢に入ることも考えられます。

また、異業種の類似製品、たとえばインターネットのできる据え置きゲーム機も顧客にとって「代替品」としてスイッチできる可能性になり、十分な脅威となりえます。そのため常に「顧客のスイッチングコストは

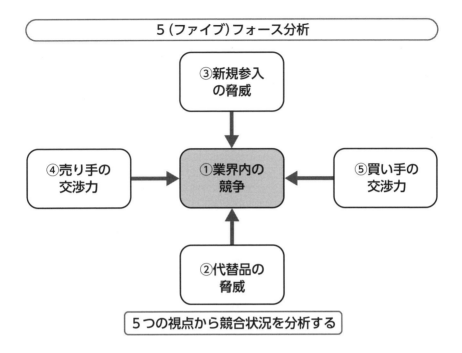

## 5（ファイブ）フォース分析

③新規参入
の脅威

④売り手の
交渉力

①業界内の
競争

⑤買い手の
交渉力

②代替品の
脅威

5つの視点から競合状況を分析する

どれくらいなのか」「トレードオフになる点は何か？」に目をつけてお
くことが必要です。

### ●③新規参入の脅威

　同時に、「新規参入の脅威」もあります。グーグルやアマゾンのよう
に高い技術を持っている潜在的な競争相手が、ハードウェアの市場に新
しく参入してくる可能性にも留意します。

　業界内の競争だけでなく、業界の周辺にも目を配らせることも重要で
す。現行の直接的な競合に加えて、近い業界にいる潜在的な競合が「新
規参入」してくる可能性を考慮し、参入障壁が高いかといった点にも常
に目を光らせておく必要があります。

　パソコン業界以外では、リアル書店に対するネット通販のアマゾンや、
トヨタや日産などのガソリン車に対する、テスラのような電気自動車
（EV）が新規参入の脅威に当たります。

## ●④買い手の交渉力、⑤売り手の交渉力

　これらの外的な要因に加えて、内的な要因である他社からの競争圧力にも留意します。

　製造業を例にとると、部品を供給する「買い手（仕入れ業者）の交渉力」が強まり仕入れのコストが高くなると、価格に反映せざるをえなくなります。また、自社プロダクトを販売してくれる「売り手（販売業者）の交渉力」が強まると、販売協力金などを要求され、営業利益を悪化させかねません。


## ■自社の強みと弱みを分析するVRIO分析

　市場にいる最後のプレイヤーはもちろん自社（Company）です。

　戦略策定の前段階では、競争相手と比較した場合の「自社の強みと弱み」を把握します。前述した5つの脅威の可能性をできるかぎり排除できるよう、自社が保有する経営資源を掘り下げていきます。このように自社を分析することは、競合を分析する「5フォース分析」と対の関係にあるといえます。

　ここで分析していくのは、自社プロダクトが顧客視点から見たときに、
① 経済的な価値があるか（Economic Value）、
② 自社の技術力などが市場において相対的に希少か（Rarity）、
③ 特許の保有や自社独自のノウハウがあるかなど、参入障壁などを含めて模倣困難か（Imitability）、
④ ①～③を実践できる人材や企業文化など人的資源を保有する組織力があるか（Organization）、
　という4つの点です。

　これが経営学者ジェイ・バーニーが提唱する「**VRIO分析**」というフレームワークです。

　この4つの要素をそれぞれ棚卸しし、各要素を競合他社と比較し自社内でランクづけして、相対的な強みと弱みを把握します。その際に、前述の5フォース分析の結果をベンチマーク（基準値）として、自社と他

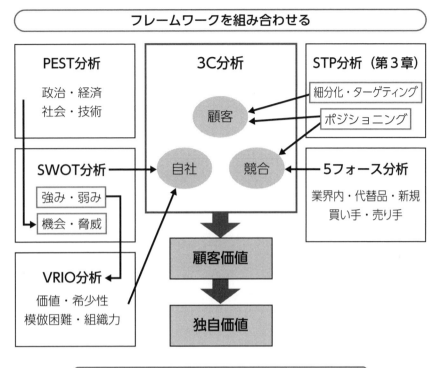

フレームワークを組み合わせる

PEST分析
政治・経済
社会・技術

3C分析
顧客
自社　競合

STP分析（第3章）
細分化・ターゲティング
ポジショニング

SWOT分析
強み・弱み
機会・脅威

5フォース分析
業界内・代替品・新規
買い手・売り手

VRIO分析
価値・希少性
模倣困難・組織力

顧客価値

独自価値

3C分析を中心にフレームワークを組み合わせる

社の比較に使うことができます。

　ドラッカーが著作の中で「強みから離れてはいけない」「弱みから生まれるものはない」といっているとおり、自社の事業ドメインにおける核になる強みこそが、競争優位の源泉となります。それゆえに事業戦略を立案した後で自社の強みを再定義する必要があります（第4章でくわしく見ていきます）。

　ここまで説明してきたように、フレームワークは組み合わせて考えるとその意味を体得できます。

　3C分析を中心に置いて、外部環境をPEST分析で把握し、SWOT分析と組み合わせることによって、業界の市場環境を整理して競合を比較

します。競合を知る際には、ポーターの5フォース分析を活用すること、さらに自社を理解する際には、VRIO分析を活用することによって、自社の競争優位性を確認します。

　顧客については、市場性が十分にあるかを調査・分析します。そのうえでSTPというフレームワークでターゲット設定し、顧客への理解を深めていきます（第3章で紹介します）。

**Point** 適切な「打つ手」につながる分析をする───────────

□適切な「打つ手」につながる分析をするには、分析のフレームワーク
　とそれぞれの関係性を正しく理解することが必要

□3C分析を中心に置いて、PEST分析、SWOT分析、VRIO分析、STP
　分析、5フォース分析を組み合わせる

マーケティング・リサーチ

# 何のために
# リサーチをするのか?

　自社プロダクトの価値を、生活者に広く知ってもらい、継続して購入してもらうためには、自社の状況を正しく把握する必要があります。そこで、マーケティング・リサーチを行います。

## ■「マーケティング」=「調査すること」ではない

　「市場調査」を英語でいうと、マーケット・リサーチという言葉になるせいか、「マーケティング」イコール「市場調査」だと思っている方が多いようです。しかし、ここには2つ大きな誤解があります。

　まず、マーケティング活動は、繰り返し述べるように、「想定顧客を設定して、独自価値を持つ自社プロダクトが自然に売れる仕組みを構築する」ことです。市場調査は、マーケティング活動の一部なのです。

　次に、マーケット・リサーチが「自社の当該市場を数値で把握する調査であること」に対して、マーケティング・リサーチは、「自社やプロダクトのマーケティング活動での分析に必要な情報を収集すること」です。厳密にいうとこの2つは異なるため混同しないようにしましょう。

　大企業のマーケティング部では、大規模で綿密なマーケティング・リサーチを実施しますが、中小企業にはそのような本格的なリサーチを行うための人材や資金も潤沢にはありません。

　しかし、マーケティング・リサーチの意味を知り、自社でできる範囲で取り入れれば、自社のマーケティング活動の質を上げることにつながります。

## ■マーケティング・リサーチの目的はわからないことを知ること

　リサーチは、自社プロダクトの製造・販売に必要な情報を知るために実施します。

具体的には、

- **認知度**：プロダクトがターゲット層にどれくらい知られているのか？
- **好感度**：今回の広告はどれくらい好感度がありそうか？
- **競合比較**：競合と比べて自社のサービスはどこが強いのか？

　といったものを他社と比較して、自社の実態が把握できれば、自社の課題を解決するための仮説を立てることができます。そして、その課題を解決するにはどんな情報が必要かを洗い出します。その情報を入手するためにどんなリサーチが適切なのか、を考えていきます。そのリサーチの結果をもとに、仮説を立て、解決に向けて行動していくわけです。

## ■リサーチ手法の種類

　リサーチにもさまざまな手法があります。インターネットや電話、紙でのアンケートもあれば、対面での個人やグループでのインタビューもあります。自社の課題を解決するために必要な情報を入手するために、最適なリサーチの手法を選択します。

　リサーチの手法は数多くありますが、ここではどうやって仮説を立てて、どうやって検証していくか、そのステップの一例を説明します。

①課題を発見するために「現場」を見る
②現場で顧客（潜在顧客）の行動を観察する
③観察結果をまとめて、仮説を立てる
④立てた仮説が本当に正しいかどうかを検証・確認する

　という4つのステップになります。

　この①から③までのステップで数字に表せない顧客の行動などを調べることを「**質的調査**」といい、帰納的なアプローチです。現場に行かずに対象になるターゲット層を集めて、いくつかのグループごとに聞き出す「**グループインタビュー**」という手法もあります。

　また④のように多くの調査対象から結果（数字）を導く手法を「**量的調査**」といい、立てた仮説を数値的に検証するため、演繹的なアプロー

チをとることが大半です。この４つのステップはあくまで基本形です。④のリサーチで検証した結果として仮説が正しくなかった場合には、仮説を再構築しリサーチとの検証を再度行うこともあります。

## ■リサーチの結果を過信しない

リサーチは重要ですが、出てきた結果や数字などを「信じすぎる」ことも危険です。多くのデータや数字の中から、自分に必要な数字だけを取り出すことが重要です。

リサーチのデータだけを眺め続けていると、細かい数字にとらわれてしまいます。そんなときに気をつけたいのが、「木を見て森を見ず」になってしまうことです。

数字を見て解釈するときのコツは、いつも同じ条件の数字を見続ける「定点観測」をすることです。同じ条件での数字を定期的に見ていると、急に多く売れたり、逆にまったく売れなかったりする「異常値」が出たときに、すぐ気づくことができるようになります。

そしてその異常値の背景にある条件を把握します。たとえば、毎週木曜の午後に上がるとか、晴天の日だけ下がる、といった具合です。

ここでも仮説を立て、なぜ木曜の午後に売れるのかを調べてみます。すると、たとえば競合の店が木曜は定休日だったり、近くで毎週大きなイベントがあり立ち寄ってくれるお客様が増えたりする、といった理由が発見でき、次回以降にそれらに乗じた施策を打つことができます。

リサーチの目的は「課題を解決する」「収益を上げる」ために調べることにあります。ほんのちょっとしたことを調べてみる心持ち（マインド）があると、収益を好転させることにつながる事象を発見できます。

## Point マーケティング・リサーチで自社の状況を把握する────

□リサーチは現状を正しく把握するための手段
□目的別に質的調査と量的調査を使い分ける
□置かれた状況を把握し、行動につなげる

## ISSUE 2-3 事業コンセプト
# なぜ、売れないのか、集客できないのか?

　調査・分析によって市場に商機があると判断したら、事業コンセプトを固めていきます。自社プロダクトが提供する価値を通じて「顧客(ターゲット)にどうなって欲しいのか」「顧客のために何ができるのか?」というコンセプトを固めてプロダクト戦略を練る準備をしましょう。

## ■事業コンセプトを「誰に」「何を」「どうやって」で整理する

　事業コンセプトとは、自社プロダクトを端的に表す「概要」です。具体的には「自社が顧客に提供しようとしていること」を、「誰に」「何を」「どうやって」という視点で表現したものです。

　スターバックスの有名な「(自宅、学校や職場、に続く)第3の場所を提供する」というコンセプトで考えてみます。

- **誰に**:コーヒー好きで、仕事などでストレスを感じ気分転換したいお客様に
- **何を**:リラックスできる場所でコーヒーを
- **どうやって**:カウチやソファなどでリラックスして楽しんでほしい

　というコンセプトにもとづいて、商品ラインナップや店内の雰囲気を構成し、出店エリアにも反映しています。

　私の古巣アマゾンも、日本に上陸した2001年当時には、

- **誰に**:本好きのユーザーに
- **何を**:多くの選択肢の中からレコメンデーション機能(協調フィルタリング)を用いて、ユーザーが欲しいであろう本をおすすめし
- **どうやって**:迅速に正確に届ける

　ということをコンセプトにしていました。

このように、スターバックスはコーヒーだけでなく場所を、アマゾンは商品の価格や幅広さだけではなく利便性を、事業コンセプトとして具現化し全面に打ち出しています。両社とも、単にコーヒーを売るとか、ネット通販をするという枠を越えて、顧客が自社プロダクトを購入するときに、「うれしく感じること」を実現させています。

　このようにコンセプトが明確だと、同じ業界にいる競合他社とまったく違う価値を提供してくれる企業に見え、その価値を見出した顧客に選ばれる理由をつくることができ、持続的に優位に立てるのです。

　もし、スターバックスがコーヒーを提供することだけを事業コンセプトの中心に据えていたら、業界内に数多くいるライバルとの正面対決になり、価格競争に陥っていたかもしれません。

　中小企業や大企業の新規事業も同じことで、自社が戦う場所と狙うターゲット層が決まったら、競争優位に立てる事業コンセプトを明確にすることが重要です。

## ■事業コンセプトは「顧客に選ばれる理由」になる

　事業コンセプトをつくる際の注意点は「絞る」ことです。設定したターゲット層に向けて、競合他社と比較し、何が提供できるかを練ります。

　愛知県にある引越会社の引越一番は「大事な家族の思い出が詰まった品々を大切にする人たちに本物の引越を届ける」ことを事業コンセプトにしています。

　「誰に」「何を」「どうやって」でまとめると、

- 誰に：新築を建てたばかりの「丁寧に引越をしてくれる会社にお願いしたい」ファミリーに
- 何を：思い出の品々を大切に運ぶ引越サービスを
- どうやって：元気なあいさつ、丁寧な応対、細かな思いやりとともに届ける

と表現することができます。

　一見当たり前のように見えるかもしれませんが、これらはわかっていてもなかなかできないことなのです。

だからこそ、引越一番では、「少人数だからできること」を徹底しています。たとえば、お客様のお宅であいさつを大きな声で全員ができるようにするために、毎朝の朝礼で大声でのあいさつと笑う訓練を欠かしません。

　こうした活気ある姿勢や細かな思いやりある配送を全員が組織だって徹底することは、従業員が多くいる大企業にとってはなかなか大変なことです。そうした地道な取り組みが、新築を建てたばかりの「丁寧に引越をしてくれる会社にお願いしたい」と考えている顧客層から十分に選ばれる理由になるのです。

**Point** 事業コンセプトをつくる───────────────

□手法論よりも先に事業コンセプトを明確にする

□事業コンセプトとして、「誰に、何を、どうやって提供するか」を簡潔にまとめる

□「何を」はプロダクトそのものではなく、顧客がプロダクトを購入・使用して得られる価値を考える

# どんな目標を立てればいいのか わからない

分析により、市場機会を発見し、事業コンセプトを固めたら、マーケティング目標を設定します。マーケティング目標が達成できないときには、まず目標そのものが適切に設定されているかを検証してみましょう。

## ■目標設定はSMARTに

マーケティング目標は、経営目標と方向性が合致するように設定します。マーケティング目標の達成が経営目標の達成につながっている必要があるからです。当然のことと思うかもしれませんが、うまく連動していない企業が少なくないので気をつけたいところです。

マーケティング目標は、抽象的なものにせず、数字で具体的にしておくことが必要です。それによって、進捗状況を把握しながら目標を達成できるよう、臨機応変に戦術を見直したり、達成に向けて改善したりして進めることができます。さらに、目標値が達成できたかどうかが、次の基準値となり、今後につなげることもできます。

策定段階で必要な内容を盛り込み、適切な目標を設定するステップを理解しましょう。

適切な目標を立てる際には「SMART」を意識します。

SMARTとは、

- 具体的であるか（Specific）
- 計測可能か（Measurable）
- 達成可能か（Achievable / Attainable）
- 計算根拠は明確か（Reasonable）
- いつまでにやるか（Time-bound）

の頭文字をとったものであり、これら5項目の目標値が入っていることが理想的です。

清涼飲料水メーカーが、「新製品で売上200億円、利益10億円」という全社経営目標を達成するために、目標を立てるとします。このような目標を「**重要目標達成指標（KGI＝Key Goal Indicator）**」と呼びます。このKGIを達成するために必要な項目をさらに数値化します。それを「**重要業績評価指標（KPI＝Key Performance Indicator）**」といいます。つまり、KPIは、KGIを達成するためのカギとなる項目を数値化したものです。KGIもKPIも、SMARTの5項目を意識して設定します。

　たとえば、次のようなものです。

●**経営目標（KGI）**

　「2018年末までに（T）、健康志向の人々に向けた新プロダクト『Cライト』を（S）、現行人員と生産設備を活用し（A）、親ブランド『C』の35％にあたる売上200億円を目指して（M・R）、コンビニを中心に1億5000万本販売する（M）」となります。

●**営業目標（KPI）**

　コンビニを中心に1億5000万本販売するために、「本部交渉の営業部隊の人員の50％にあたる780人を新製品の導入活動に割り当て、2019年上半期で（T）、主要生業先40のチェーン展開店舗の本社を訪問し（M・R）、8割で確約を取る（M）」となります。

●**マーケティング目標（KPI）**

　コンビニを中心に1億5000万本販売するために、「2018年第3四半期末まで年内（T）に、ターゲットである20〜30代の健康志向の人たちの間で（S）、認知度50％の到達を目指し、前回のキャンペーンを基準とし、1.0ポイント上回るROIを5.0に設定（R・A）」となります。

　マーケティング目標のKPIのもとになるカテゴリーは、認知度、好感度、市場（カテゴリー）シェア、売上、利益、利益率、投資対効果（ROI

= Return On Investment）などがあります。

　多くの場合、マーケティング目標は、これらの数字を組み合わせて成果目標を設定します。新プロダクトの場合は認知度向上を優先、既存プロダクトの再活性化の場合はシェア拡大を先に目指すなど、経営課題に応じて優先順位をつけていきます。

　なお、売上目標の設定を、営業部とマーケティング部のどちらが主導するかは、会社や組織構造によって異なります。どちらが主導権を握っているにしても、営業部とマーケティング部の目標達成が連動しており、さらには経営目標の達成につながっていることが重要です。

**Point** 目標設定のポイントを押さえる────────────

□マーケティング目標は全社目標と整合性を持たせる

□KPIは、KGIを達成するためのカギとなる項目を数値化したもの

□全社目標（KGI）を達成するために、マーケティング活動に必要な
　KPIを明確に規定する

□KPIにはSMARTの5項目を意識して計測可能な目標を設定する

# ISSUE 2-5

戦略

# 具体的にどんな施策を打てばいいのかわからない

　分析を通じて、市場機会を発見し、目標を設定したら、いよいよマーケティング戦略を立てていきます。

## ■戦略と戦術の違い

　まずは戦略と戦術の違いを把握しておきましょう。

　**戦略**は、目標を達成する方向性です。大局をにらみながら、目標達成を目指すためのシナリオを、年単位などの長期的な視点で立案します。

　**戦術**は、戦略を実行する具体的な手段です。四半期単位など短期的な期間で、計測可能な数字を用いて立案し、実施後も臨機応変、必要に応じて調整しながら進めていきます。

　分析から、戦略、戦術、実施までの全体の流れを把握し、戦略と戦術の違いを認識していないと、戦術、実施などの手法論に振り回されることになってしまいます。

　私自身、初めて勤めた外資系企業であるフィリップモリスで働き始めたころ、「戦略と戦術をしっかり分けて考えなさい」とよく指導されました。当時の私は、目標達成のためには方向性を定めることが必要であるにもかかわらず、目先の手法論ばかりを追いかけてしまい、最適な施策が選択できなかったのです。それを避けるためには、「戦略が先、戦術が後」という意識が重要です。

　近年、ITの発達もあり、新しいSNSやマーケティングの手法や理論が次々に生まれています。流行していると、どうしてもそちらに目が行き、手法に振り回されてしまいやすい環境になっています。数多くの手法の中から最適な選択をするためにも戦略の重要性はますます高まっているといえます。

## ■「5W2H」のカテゴリーごとに戦略を立てる

　戦略を立案する際には、次の5W2Hを決めていきます。

- 誰に（Who）：想定ターゲット層
- 何を（What）：プロダクトの独自性
- いくらで（How much）：競争優位に立てる価格設定
- いつ（When）：実施時期のタイミング
- どこで（Where）：顧客層が買いやすい場所
- 誰が（by Whom）：他部署、代理店など関与者の選定
- どうやって（How）：顧客候補へのコミュニケーション

　このうち、「何を、いくらで、どうやって、どこで」はそれぞれ、「プロダクト（Product）、価格（Price）、販売促進（Promotion）、販路（Place）」の英語での頭文字をとって「**マーケティング・ツールの4P**」と呼ばれます。4Pに加えて、実施時期のタイミングと、巻き込んでいく関係者についても方針を立てることが成果につながります。ターゲット設定から始まるこの「5W2H」のカテゴリーをベースに戦略を立てていきます。

　では、具体的にシューズメーカーを事例に考えてみましょう。

## 戦略──方向性を決めるもの

- 誰に：30~40代の男性ビジネスパーソン向け（ターゲット）に
- 何を：新素材を使った高級スポーツ用シューズを
- いくらで：競合ブランドと比較し、ターゲット層が買いたくなりそうなやや高めの価格帯で
- いつ：売れる春先（タイミング）に
- どこで：ディスカウントストアよりもスポーツ専門店やアパレル併売店（買う場所）で
- 誰が：特販営業チーム（関与者）が販売

- どうやって：販売促進は価格訴求よりもイメージづけを優先しコミュニケーションする

このように、5W2Hを定めれば、おおよその方向性が定まります。このとき、多くの選択肢の中で、「AではなくB」というように立案します。この例では、「価格訴求」ではなく、「イメージ付け」という方向性を打ち出しています。

### 戦術──戦略の実践方法

この方向性の範囲の中で、実践方法を戦術として立案していきます。

「競合のN社が14000円台なのでそれより高めの設定で」

「9月にユナイテッドアローズのようなセレクトショップで展開しよう」

などと、いつまでにどこで誰が何をするのか、を明確にします。戦術を立案していく段階では、施策の詳細の部分までこだわる必要はありません。価格をいくらに設定し、どの販売チャネルで売り、誰をCMに起用するのかなどの具体的な点は、「行動計画」として、後でまとめます。

経営でもマーケティングでも、戦略の失敗は戦術では取り返せないといわれます。それだけに戦略は重要ですから、ここで紹介したポイントを確実に押さえるようにしてください。

### Point 戦略と戦術の違いを理解する─────────────

□戦略とは長期的な方向性のこと、戦術は実行するための具体的な方法のこと

□「戦略が先、戦術が後」を意識して、戦術（決行の手法）に振り回されないように

□戦略は、5W2H・4Pを意識して構築していく

3つの基本的戦略

# 売価を下げても 売上が上がらないのはなぜ？

　売上は、「顧客単価×購買数」の掛け算で算出できます。売上目標に届きそうもないからといって値下げをすると、顧客単価が下がるので、購買数を増やすことになります。

　「売価を下げて販売しても売れない」「いい商品なのに売れない」といった悩みをよく聞きますが、戦略なき値下げは購買数増にはほとんどつながりません。まずは、立てるべき戦略を理解することから始めましょう。

## ■競争優位に立つための３つの戦略

　戦略とは、5W2Hと4Pを設定して方向性を打ち出すことだと説明しました。この方向性は大きく３つに分類することができます。

　マイケル・ポーターは、競争で優位に立つための基本戦略として、「コストリーダーシップ戦略」「差別化戦略」「集中戦略」の３つがあると提唱しました（47ページ図参照）。この基本戦略はマーケティング戦略にも当てはまります。

　47ページの図では、横軸は「何で勝負するのか」という競争優位の源泉です。その左が「低コスト」、右が「特異性」です。他方の、縦軸は「どこで勝負するのか」という競争の範囲で、上が広い範囲、下が狭い（限定的な）範囲となります。

### ①コストリーダーシップ戦略

　コストリーダーシップ戦略は、「同じようなプロダクトなら低価格のほうが選ばれる」という考えにもとづき、大量生産や労働力の工程の効率化によって、生産コストを下げ、「競合商品よりも価値の高いプロダクトを、より低い価格で提供できる」という顧客から見た相対的な低価

格を実現し、業界での競争優位を築くリーダーを目指すというものです。

　競合プロダクトよりも低価格で自社プロダクトを販売して、顧客を集めるという戦略です。衣料業界のユニクロや家具業界のニトリなどをイメージすればわかりやすいでしょう。「低価格なのに高品質」を実現しており、多くの顧客を集めています。

　ここで大事なポイントは、「低価格に設定すること」と「安く仕入れて安く売るという単なる安売りすること」は別物である点です。

　自社プロダクトの生産からユーザーに届くまでの流通工程である「サプライチェーン」の各ステップで、連鎖的に付加価値をつけて次工程に渡しエンドユーザーに届けることを「バリューチェーン」と呼びます。自動車メーカーを例にとると、開発、設計、組み立て、出荷・物流、マーケティング、販売といった主活動と、マネジメント、調達、人事管理などの支援活動をすべて連鎖させていくことで、自社の利益を最大化する、という考え方です（174ページ参照）。

　これらの各過程の徹底的な見直しや、新技術による価値の創造やコスト削減での合理化によって、「低価格で生産・販売」できるシステムを構築し、高品質なプロダクトを低価格でユーザーに届けることがコストリーダーシップの本質です。つまり、企業努力によって「低価格なのに高品質」を実現するのです。

　もし、値引き販売をしても売上や利益が上がらないのであれば、「単なる安売り」になっているのかもしれません。コストリーダーシップ戦略は、基本的には豊富な経営資源を保有し、顧客に価値を提供する仕組みを構築している企業がとるべき戦略だといえます。


## ②差別化戦略

　差別化戦略とは、「競合他社にはない、自社だけが提供できる強み」で競争優位に立つ戦略です。

　プロダクトのスペック（仕様）の違いや機能的な優位性といった「機能的価値」や、顧客が感じる「情緒的価値」によって差別化する方法です。近年、多くの業界でプロダクトの均質化が進んでいるため、機能的

## 3つの基本戦略

### 競争優位の源泉
### （何で勝負するのか）

| | | 低コスト | 特異性 |
|---|---|---|---|
| **競争の範囲（どこで勝負するのか）** | 広い | **コストリーダーシップ**<br>同じプロダクトなら<br>安いほうがよいので<br>コストを下げる | **差別化戦略**<br>顧客が求める<br>独自価値を生み出す<br>プロダクト／流通など |
| | 狭い | **集中戦略**<br>特定の顧客層／地域に絞る<br>①コスト集中戦略　　②差別化集中戦略 | |

価値だけで違いを顧客に伝えるのは難しくなっています。そこで情緒的価値によって違いを伝えることの重要性が増しています。

「うちの商品は他社よりもよい商品なのに売れない」と思っているとしたら、その「よい」の基準が機能的価値だけに偏っていて、顧客に情緒的価値が十分に伝わっていないケースが考えられます。

アップル社のプロダクトが提供する洗練されたシンプルなブランドイメージなどは、機能的価値だけではなく、情緒的価値を提供することによって差別化している好例でしょう。

### ③集中戦略

集中戦略は、対象とする領域を限定し、集中した範囲で戦うというものです。集中する範囲としてはさまざまな選択肢があり、誰に何を売るかというターゲット層やカテゴリー、どこで売るかという地域や販路を絞る戦略も考えられます。

自動車業界であれば、さまざまなタイプの自動車（多品種）を生産するトヨタ自動車に対して、軽自動車に特化しているスズキが集中戦略の好例です。集中することによって、マインドシェアを獲得しやすくなります。

　「マインドシェア」とは、自社が戦う業界やカテゴリーの中で「一番に思い出される比率」のことです。数値化まではしなくとも「軽自動車といえばスズキ」と一番に思い出してもらえるような状態はマインドシェアが高い状態だといえます。

　このマインドシェアは、企業規模の大小を問わず、大きな優位性になります。マインドシェアを獲得するためにも、広い範囲で勝負するよりも、限定された範囲で一番になるほうが、購買につながりやすいでしょう。

　ここまでコストリーダーシップ戦略、差別化戦略、集中戦略の３つを紹介しました。

　理想的な戦略はバランスを考えたかけあわせです。経営資源に限りがある中小企業は、希少性があり、競合他社から模倣されにくく、自社が得意とする分野を見つけ出し、市場に打って出る必要があります。

## ■３つの戦略を組み合わせるレストラン

　愛知県に、まるは食堂というエビフライで有名なレストランがあります。「味は一流、値段は三流」というコンセプトで、エビフライを中心に、刺身や煮魚など豪華で美味しい料理を提供することで有名です。

　まるは食堂ではエビフライという商品に特化しているので、「名古屋名物エビフライはどこで食べるといいですか？」と聞かれると「まるは食堂さんだよね」と一番に想起されます。つまり、エビフライに特化するという差別化戦略によって、数あるシーフードレストランの中でマインドシェアを獲得しているわけです。

　さらに、エビフライで使うエビをインドネシアから年間150万尾と大量に仕入れることで、仕入価格に交渉力を持ち、他社にはできない価格

設定で定食を出すことができます。これがコストリーダーシップ戦略です。

　まるは食堂は、名古屋市内にも数店舗あり、どの店も特長を際立たせていて人気を集めています。また県下の南知多豊浜本店には、料理旅館やイベントスペースなどもあり、連日家族連れやカップルでにぎわっています。愛知県という商圏への集中戦略をとっているわけです。

　このように、まるは食堂は、エビフライを主力商品にするという差別化戦略、大量購入による仕入価格の低減というコストリーダーシップ戦略、愛知県で店舗を展開するという集中戦略を、同時に成し遂げているのです。3つの戦略を同時に実現するのは一般的には難しいとされることですが、見事にそれを実現しています。

　企業がとるべき戦略は、大きく分けると「コストリーダーシップ戦略」「差別化戦略」があります。それを、分散させるか（広範囲でやるか）、集中させるか（限定された範囲の中でやるか）、ということになります。
　「広い範囲で何でも売りたいです」という考えではヒト・モノ・カネを効率的に使えず、誰にも覚えてもらえず、売上につながらないという結果になりがちなので、よほど経営体力のある企業以外は、集中戦略をとるほうが奏功するでしょう。

**Point**　3つの基本戦略の本質を理解する────
□戦略には、コストリーダーシップ戦略、差別化戦略、集中戦略がある
□コストリーダーシップ戦略は、単なる安売りではなく合理化によって
　コストを下げたうえで利益を確保する戦略
□差別化戦略は、顧客視点の価値で違いを生み出す戦略
□集中戦略は、対象とする領域を限定し、集中した範囲で戦う戦略

# どの戦略を「捨てれば」いいのか わからない

戦略立案で最も重要なのは「やらないことを決める」ことです。すべてをやろうとすると、経営資源を分散することになってしまい、収益を最大化することはできなくなってしまいます。そこで、多くの選択肢の中からその企業の方向性に最適な手法を選ぶ必要があります。

では、どのように優先順位をつければいいのでしょうか?

## ■「基準」を決めて劣後順位をつける

講演で「戦略は捨てることと同義語です」と話すと、決まって出てくるのが、「どれも大事で捨てられないのですが、どうすればいいでしょうか?」という質問です。仕事熱心な人ほど、「全部やらなければいけないので捨てられない」と悩む傾向にあるようです。

ドラッカーも、「優先順位を決める前に『劣後順位』を決めよ」といっています。ポーターも「戦略とは、やらないことを決めることだ」といっています。それほど、劣後順位を決めることは重要なのです。

ビジネスとしてやる以上、感覚的に処理するわけにもいきません。そこで、「基準」を設定し、基準の範囲外の場合に劣後順位をつける方法を紹介しましょう。

## ■戦略に優先順位をつける4つのステップ

整理収納アドバイザーの仕事をしている私の友人が講演の中で、「一度に整理整頓をしてはいけません。まず、整理してから整頓をしましょう」と話していました。

たとえば、化粧品や歯磨きセットなどがランダムに並べられている洗面台を整理整頓するときに、それぞれのアイテムをいま置いてある位置からそのまま動かそうとしても、スペースは限られているので、いつま

で経っても片づきません。

　そこで一度、全部を洗面台から出して、カテゴリーごとに分け、すぐに使うもの使わないものに仕分けます。その後、洗面台に戻す、というステップを踏むと整頓できるというのです。

　このステップは戦略立案にも当てはまります。洗面台のスペースが限られているように経営資源も限られています。その経営資源を効率的に配分するためには、戦略の整理整頓が必要になります。

　具体的には次のようになります。「①考えうる戦略案を出し切る」「②カテゴリー別に仕分ける」「③劣後順位をつけて捨てる」「④優先順位をつける」の4つです。それぞれ順番に見ていきましょう。

### ①考えうる戦略案を出し切る

　この段階で重要なのは、「優先順位をつけない」ことです。

　自由にアイディアを出し合うブレインストーミングと同様に、やれること、やりたいこと、できること、できたらいいことなど、すべての戦略の選択肢を出し切るのです。このとき「これはありえない」「前例がない」などという固定観念や先入観を捨てポジティブなマインドでいることが重要です。

　このプロセスこそ最終的な戦略決定の質を高めるベースとなります。

### ②カテゴリー別に仕分ける

　この段階では、先述した5W2H（43ページ）のカテゴリー別に仕分けます。ここまでは、それほど難しく考えず単純作業としてとらえればよいでしょう。

### ③劣後順位をつけて捨てる、④優先順位をつける

　さて、ここが問題です。ここでは「GEのビジネススクリーン」を参考に、整理してみましょう（53ページ図参照）。

　「GEのビジネススクリーン」とは、戦略の整理整頓と劣後順位をつける手法として、もともと、GEと戦略系コンサルティングファームの

マッキンゼーが開発した、事業ポートフォリオの評価を行うためのフレームワークです。劣後順位をつけて捨てた後、それぞれのカテゴリーで残した優先順位の高いものの中で最終的に重要な優先順位を決定します。

　横軸は、相対的なシェアや独自性で測った「競争ポジション」で、左が高く右が低くなります。縦軸は、市場規模や参入障壁の高さで測った長期的に見た「業界の魅力度」で、上が高く下が低いという9象限のマトリクスです。どちらも高い、またはどちらか一方が高くてもう一方が中の場合は「優先順位が高い」と判断し、どちらも「中くらい」、またはどちらかが高くて片方が低い場合は「優先順位が中程度」、そして、これらのどれにも当てはまらないものは優先順位を下げる、という考え方です。

　このGEのフレームワークは、企業が持つ各事業をスクリーニングする際に活用できます。これをもとに、マーケティング戦略における劣後順位のつけ方に置き換えて考えてみます。

　まず、基準を決め縦軸と横軸に入れます。ここでは仮に「競争の優位性」と「自社の強みの活用度」にしたとします。
　「基準を何にするか」という判断は、自社の置かれている状況、問題点、課題などに応じて複数の候補を考えてみて、それらを組合せで試してみると、多面的な視点から考慮できるようになります。
　次に、「競合より優位性があるかどうか」「自社の強みを活かせるか」をそれぞれ高中低の3段階で評価し、出し切った戦略をスクリーンに入れ込みます。
　9種類のマスに入った戦略が「見える化」されたので、これをベースとなる「出し切った戦略」として劣後順位を決めていきます。

　このときに注意したいのは、マーケティング戦略と企業戦略の整合性がとれているかどうかという点です。
　企業として、「売上増を最優先」という重点戦略を立てたときに、「ブ

## 「GEのビジネススクリーン」をベースに優先順位を考える

自社の強みの活用度

| 優先順位 | 高 | 中 | 低 |
|---|---|---|---|
| 高 | 高 | 高 | 中 |
| 中 | 高 | 中 | 低 |
| 低 | 中 | 低 | 低 |

（縦軸：競争の優位性 高・中・低）

## このマトリクスにプロットして劣後順位・優先順位をつける

ランドイメージ確立」というコミュニケーション戦略を立てては離齬が出てしまいます。売上は短期的に達成したいものであるのに対して、ブランドイメージは中長期的に確立していくものであるため、時間軸に整合性がありません。たとえば、「新製品の試し買いを促進し、購買を促す」というマーケティング戦略で整合性を持たせるべきです。

### ■経営資源の大きな企業と「同じ土俵」に上がらない

　前述した引越一番という会社は、業界では企業規模として中堅どころの企業で、東海地区を中心に、元気がよく質の高い引越をすることで定評のある企業です。

　引越一番では、売上目標を達成するために、マーケティング戦略として５つの選択肢が挙がりました。

①認知度を上げる
②丁寧さのイメージをアピールする

③競合からのスイッチを促して、シェアを獲得する
④顧客単価を上げる
⑤顧客数を増やす

　もちろん、ここに挙げたものをすべて実行するに越したことはありません。しかし、従業員数も、投下できる金額も限られています。どうやって優先順位をつけるのがいいでしょうか？

　引越一番では、「年間売上目標の達成にインパクトがあるか」を基準に判断しました。
　「①認知度を上げる」「②丁寧さのイメージをアピールする」は、売上目標の達成にすぐにつながるわけではありません。さらに、認知度の高い大企業（競合）と同じ土俵に上がって真っ向勝負することになってしまいます。これらは中長期的な課題であるため、時期尚早と判断して、優先順位を下げました。
　「③競合からのスイッチを促して、シェアを獲得する」は、これを実行しようとすると値下げ合戦（価格競争）になってしまい、件数は増えても売上にはつながりにくいと判断しました。
　これらの選択肢よりも、売上目標の達成にインパクトのある「④顧客単価を上げる」「⑤顧客層を増やす」という戦略に集中することにしました。つまり、戦略として、低価格路線ではなく高価格路線に方向性を決めたということです。
　1回の引越あたりの代金（顧客単価）が高いのは、当然ながら荷物の多い人たちです。そこで具体的な戦術としては、ターゲット層を家族単位、2世代、3世代での同居、新築を建てる人たち、という層に絞ってコミュニケーションを開始しました。
　ここで重要なことは、単身世帯などこれ以外の人たちの引越をやらないというわけではない点です。絞るとは、不要な項目の優先順位を下げ、重要な事柄の優先順位を上げて、ほかをすべてやめてしまうことではありません。つまり、ビジネスの中心点を押さえるということです。

恐れずに絞った結果、引越一番では徐々に顧客単価が上がり、対前年比で約1万円向上しました。

## ■環境の変化に合わせて戦略を練り直す

一度構築した戦略がずっと機能し続けるというのが理想ですが、市場環境が変化すれば、それに適応するために戦略を練り直すことが必要です。

近年、市場環境の変化の激しい業界のひとつに、ドーナツ市場があります。その市場にあって、ミスタードーナツは、高い知名度や歴史、ヒット商品や店舗数の多さなどのブランド力もあり、業界大手のドーナツ専門店として知られてきました。

2006年にクリスピー・クリーム・ドーナツが日本市場に参入して話題になりました。2015年から、コンビニが「ドーナツ」の販売を始めたのは記憶に新しいところでしょう。

生活者の立場から見れば、どこででもドーナツが買いやすくなりました。ミスタードーナツの立場から見れば、新規参入してきた「黒船」と、コンビニ大手の相次ぐドーナツ投入で、業界の競争環境が変わったのです。市場でのシェアを奪われているということになります。

## ■市場環境の変化にスピーディに対応する

市場環境の変化には、いつでも対応できるようにしておくことが重要ですが、それは容易なことではありません。市場環境の変化は、消費者を対象としたマーケティング・リサーチをしても発見しづらいからです。実際、ミスタードーナツも、競合の新規参入を予見するのは難しかったでしょう。予見できたとしても、どのような手を打つか、悩むことになります。市場が変化したあとに大切なことは、スピーディに手を打つこと、顧客の行動の変化を調べることです。

顧客の行動の変化を発見する手法のひとつに「定点観測」があります。ターゲット層の行動を定期的に、同じ場所を見るのです。

たとえば、毎日の通勤途中にある、直接の競合店舗を、注意深く見ていれば、いつもと異なる変化があることに気がつくでしょう。自社のビジネスの周辺環境を定点観測することで、気づきを得られることが多くあります。

　同時に、自分が顧客の疑似体験をしてみるという手もあります。もしあなたが、20代後半の企業勤めの女性をターゲットにしているミスタードーナツの新製品の実務担当者だとしたら、ターゲット層の行動を推測し、ロフトなどの化粧品売り場に行って見て定点観測すればよいのです。インタビュー調査などを行なうという方法も考えられます。

　市場環境の変化は激しくなっているため、競合の動向次第で市場は変わってしまいます。その環境に迅速に対応する手を打つためには、顧客の購買行動の変化を認識し、それをもとに戦略を速やかに練り直すことです。

## ■速やかに「やめる」という判断をすることも重要

　では、実際にミスタードーナツはどうしたのでしょうか。

　コンビニのドーナツ取扱開始による顧客の購買行動の変化に対して、ミスタードーナツは営業利益を確保するために、100円均一セールを中止し、専門設備の撤去店舗を設ける施策に踏み切りました。この「やめる」という選択も重要な対応のひとつです。

　競合の動向によって売上や利益が落ちてくると、新商品を追加投入することや、新しくサービスをリニューアルすることに意識がいくものです。ミスタードーナツは、コンビニドーナツと正面切って戦うよりも、違う土俵で勝負したほうがよい店舗がある、と判断したのでしょう。

　市場機会を見つけ、強みを伸ばすこともマーケティングですが、弱みと脅威を発見し、撤退・縮小する勇気を持つこともまた重要なマーケティングなのです。

　企業が新たな一手を打つ費用は利益から捻出します。売上を上げるこ

とと経費を削ることによって、利益を増やすことができるのです。こんなときこそ、「引いて攻める」という、攻守一体の経営が必要なのです。

**Point** 戦略の要諦は「捨てる」こと————————————————

□ フレームワーク「GEのビジネススクリーン」を参考に自社に当てはめてみる

□ ①考えうる戦略案を出し切る、②カテゴリー別に仕分ける、③劣後順位をつけて捨てる、④優先順位をつける、という4ステップで優先順位を決める

□ 市場環境の変化を予測するのは難しいが、顧客の行動の変化にはいち早く対応すること。「やめる（撤退・縮小）」という判断も重要

第**3**章

# 自社プロダクトは「誰に」必要とされているのか？

## ——ターゲット設定

# ■Introduction

市場環境を分析し、目標設定をして、基本戦略を定めました。次は「誰に（ターゲット設定）」について考えていきます。標的を決めて狙い撃ちすることからターゲティングとも呼びます。市場全体の中から、自社が「標的にする市場」を設定します。

具体的には、自社のプロダクトに価値を見出してくれそうな「①潜在顧客（一度も自社プロダクトを買ったことがない顧客）」を探し出し、自社プロダクトを買ってもらうために「②見込み顧客」に絞り込んでいきます。

ターゲットを絞る最大の理由は、「投資対効果を最大化する」ためです。そのために、狙った市場に向け、人員や予算といった経営資源を割り当て、効率よく売上と利益につなげていきます。

私が住んでいる愛知県の人口は、県の公式ホームページによれば、約752万人です（平成29年8月1日現在）。ブルガリアの人口（国連「世界人口白書」2016年）の710万人よりも多く、県内総生産は約35兆9903億円（同上）で、こちらもバーレーン1国のGDPとほぼ同額です（http://www.globalnote.jp/post-1409.html）。

愛知県だけでも1国と同じくらいの人口を抱え、同額の生産をしている愛知県民全員に自社プロダクトの価値を伝えようとすると、ばく大な労力とお金が必要になります。どのような大企業でも、市場の中からターゲットを絞って、投資対効果を上げていきますので、投下できる予算に限りのある中小企業や大企業の新規事業ではなおさらです。

この章では、「なぜわざわざ、顧客層を絞るのか？」「ターゲット設定の手法」「生活者の本音（インサイト）の重要性」「1人に絞り込むペルソナという手法」「市場での立ち位置とチャンスを発見するポジショニング戦略」について説明します。

# なぜターゲットを絞り込むのか?

マーケティングの役割のひとつは、限られた経営資源を効率的に使って、投資対効果を最大化することです。そのために、市場全体ではなく、自社プロダクトに価値を見出し、購入してもらえそうな想定顧客層を明確にします。これを「**ターゲット設定**」と呼びます。ポイントは、万人受けを狙うことをやめて、想定顧客層を絞ることにあります。

## ■99%のモノはいらない

そもそも、なぜターゲットを絞るのでしょうか?

「うちの商品は、世の中のたくさんの人に買ってもらいたいのに、ターゲットを絞ってしまったら、売れなくなってしまわないか?」と不安を感じる人がいるようです。

しかし、世の中にモノはあふれ、生活者の価値観も多様化しているため、万人受けするプロダクトはありません。生活者は、自分のニーズに合うものを、数多くの候補の中から比べて選んで買っているのです。「人は世の中の99%のモノはいらない」というぐらいの前提に立ってマーケティングをすることが大事です。

ターゲットを絞ることによって、「私のための商品だ」「こんな商品が欲しかった」といったプロダクトの存在や価値についての情報を、想定顧客層に効果的に伝え、購入を促進することができます。

たとえば、「誰にでも愛されるジュース」と不特定多数にアピールするよりも、「健康を第一に考えている女性のためのジュース」と特定の人に向けて謳うほうが、「あ、これ私にぴったりだ!」とほかの数多くのジュースの中から選んでもらえる可能性が高まります。

## ■「飲食店」にターゲットを絞って売上が上がった女性税理士

　ターゲットを絞らないと、経営資源の「無駄撃ち」が発生します。自社プロダクトを購入する可能性の低い人たちに向けて、コミュニケーションをとってしまうことになるからです。また、自らが望まない顧客層が来てしまい、本来の顧客層を逃してしまう可能性も高まってしまいます。こうした事態を避けるためにもターゲットを絞るのです。

　ターゲットを絞ったことにより、収益を上げた女性の税理士がいます。飲食業出身で調理師免許を持つというユニークな経験を活かし、「飲食店オーナー」を想定顧客層とし、名刺にも「飲食店専門の税理士」と書いていました。
　これにより、「ほかの税理士よりも飲食店の税務や会計、アドバイスをしてくれそうだ」と飲食店オーナーに専門性の高さを印象づけられます。専門性の高さは顧客の信頼を呼び、ひいては売上につながります。
　「どんな会社の税務でもお任せください」といわれるよりも「飲食店の税務ならお任せください」といわれるほうが、飲食店オーナーはお願いしたくなるでしょう。
　数年後、彼女は「女性を集客したい飲食店専門の税理士」と名刺を書き換え、さらにターゲットを絞りました。彼女自身の経験に、女性の気持ちがわかる税理士という印象を加えることに成功し、より想定に近い飲食店経営者が顧客になったそうです。

　このように市場にいるすべての人たちの中から、「自社プロダクトに価値を見出し、適正な対価で買ってくれる、自社にとって理想のお客様像」を決めると、顧客に対して効果的な販売促進をすることができます。

　よく誤解されることなのですが、「絞る」ことは「ほかを捨てる」ことではありません。「絞ったターゲット層を中心にビジネスをする」ということです。「自社プロダクトを一番よく買ってくれる人はどんな人か？」「自社プロダクトを一番必要としている人はどんな人か？」「自社

プロダクトで一番喜んでくれる人はどんな人か？」を考えれば、おのずとターゲット層は浮かび上がってくるでしょう。

　中心となる主要ターゲット層を想定して、さらに第2、第3の候補となるターゲット層を想定し、展開していく方法もあります。
　この税理士の例であれば、ホームページなどに「他業種への展開事例」を掲載しておくのです。たとえばアパレル販売店から問合せがあったときには、飲食店以外でもコンサルティング実績があること、飲食店と共通する成功要因を水平展開できることを伝えればよいのです。
　このように核となる主要ターゲット層を中心に、周辺の層に「徐々に広げていく」仕組みをつくったうえで、中心になるターゲット層から拡大をしていけば、「絞るとほかのお客様に買ってもらえなくなる」という心配は無用だとわかるでしょう。

## ■「ターゲット」を明確にすればビジネスを展開しやすくなる

　ターゲットを明確にすることは、ビジネスを展開させていく基本となるものです。ここでは、飲食店の新規出店を考えてみましょう。
　以前、「大阪でお好み焼きのチェーンを経営しています。これまで商売をしたことがない街に進出するときには、どんな戦略がとれるでしょうか？　出店におすすめの場所はどこでしょうか？」という質問を受けました。

　飲食店が土地勘のない地域で新規出店を考える際には、単純に分けると、人通りが多い繁華街とそうでない裏通りや郊外があります。
　まず、人通りが多い繁華街から考えてみましょう。繁華街は家賃も高く、競合店が多いというデメリットはありますが、人通りの多さは大きなメリットです。
　競合店が多いエリアに進出する場合の最大のポイントは、「誰に食べてもらいたいか」をはっきりさせることです。ターゲットを絞れば、どうすればそのターゲットに喜んでもらえるかを考え、メニューづくりや

店構えに活かすことができるからです。

　たとえば、原宿にいる女子高生に絞るとしましょう。クレープ感覚で食べ歩きがしやすいメニューをつくり、女子高生が立ち寄りたくなるようなかわいい店構えをつくる、凝った味つけよりもスピード感やかわいさを重視する、といった方法が考えられます。

　このように、想定顧客層が重要視する価値を前面に出すといいでしょう。

　では、競合を避けてユニークな場所に店を出す場合にはどうすればいいでしょうか？　その際にも、ターゲット設定がカギになります。

　たとえば、「少しくらい高くてもいいから質のよいものを食べたい」「仲間とゆっくりしたい」という可処分所得が高い層にターゲットを設定し、駅から離れた落ち着いた場所で、食材にこだわった鉄板焼きのコース料理を出すという方法が考えられます。

　このように、誰に食べてもらいたいか、ターゲット層を意識していれば、新規店の立地選び、メニューづくり、店づくりに活用することができます。

## ■「クリティカルマス」を考える

　新規出店の立地選びをする場合には、もちろん採算がとれるかどうかも重要です。

　売上は、「顧客単価×購買数（客数）」で計算できると述べました。その際に重要なのが、「必要な大多数（クリティカルマス）」を計算し、しっかりと頭に入れておくことです。**クリティカルマス**とは、あるプロダクトを爆発的に普及させるために最小限必要となる客数のことです。

　飲食店でいえば、お店を成長軌道に乗せるために必要な売上を計算します。そして、その売上を上げるために必要となる客数を算出します。これがクリティカルマスと考えていいでしょう。この数字をしっかり理解しておくことです。

ビジネスを成長させるには、有限な経営資源を効率的に配分することです。そのためにも、ターゲットを設定し、そのターゲットにどうすれば価値を提供できるかを考えていくことが重要なのです。

**Point** **ターゲット設定で投資対効果を最大化する**────────
□「万人受け狙い」をやめてターゲット（想定顧客）層を絞り込む
□ターゲット設定の目的は、経営資源の投資対効果を向上させること
□絞るとは優先順位をつけること
□主要ターゲットに近い層から、徐々に広げていく仕組みを構築する

# ISSUE 3-2 どうやってターゲット層を 絞り込むのかわからない

　ターゲット設定の目的は「経営資源を効率的に配分して、競合に対して優位に戦えるようにすること」です。市場のすべてを狙うのではなく、自社プロダクトの価値を理解して、適正な価格で購入してくれる顧客層が十分にいる「自社が有利に戦える場所」を見つけ出していきます。

　では、どうやってそういう場所を見つければいいのでしょうか。

## ■自社の顧客を設定するフレームワーク「STP」

　自社の競争優位を築くためにターゲットを絞るときには、コトラーが提唱したフレームワーク「STP」を利用します。

　「自社の顧客は誰か？」を定義することはマーケティング活動を進めていくうえで必要不可欠です。STPは、顧客を定義する基礎となるフレームワークなので、しっかりと頭に入れておきましょう。

　STPは、セグメンテーション（Segmentation）、ターゲティ（Targeting）、ポジショニング（Positioning）の頭文字をとったものです。

・**セグメンテーション**（分ける）

　さまざまな切り口で"集団"に切り分ける（細分化する）

・**ターゲティング**（まとめる）

　各要素を組み合わせ"塊"にまとめる

・**ポジショニング**（立ち位置を決める）

　競合より優位に立てる場所を探し、そこで戦う

　この項では、セグメンテーションとターゲティングについて、説明します。

| | カテゴリー | 内　容 |
|---|---|---|
| 属　性 | デモ（デモグラフィック） | 年齢・性別・職業 |
| 地　域 | ジオ（ジオグラフィック） | 住まい・勤務地 |
| 価値観 | サイコ（サイコグラフィック） | 大事にしているもの |
| 行　動 | ライフ（ビヘイビア） | 普段の行動 |

## ■セグメンテーションの４つのカテゴリー

　最初は、切り口で細分化（セグメンテーション）した集団をつくります。市場を「４つのカテゴリー」の中にあるそれぞれの内容で細分化していきます。

①デモグラフィック（デモ：属性）
　年齢・性別・職業などの人口統計的な分け方
②ジオグラフィック（ジオ：地域）
　どこに住んでいるか、どのエリアで働いているかという地理的区分
③サイコグラフィック（サイコ：価値観）
　普段何を大事に思っていて、何を基準に物事を決めるか
④ビヘイビア（ライフ：行動）
　普段どんな行動をとっているのか

　それぞれ、長い単語なので、略して「デモ・ジオ・サイコ・ライフの４カテゴリー」といった具合に覚えておきましょう。
　次にこの４つのカテゴリーの中から、自社プロダクトに価値を見出してくれそうなセグメントどうしを組み合わせてひとつの「塊」にします。これを「**ターゲティング**」と呼びます。

ヘアサロンの場合でいえば、

・デモ：30代、40代の兼業主婦で
・ジオ：名古屋市に住んでいて
・サイコ：子育てと仕事を両立させたいと思っている
・ライフ：時間を見つけてはママ友とランチに行き、週末は自宅でパン
　　　　　教室を開くような人たち

といった具合です。


　事業規模が小さい場合でも、ひと塊だけのターゲティングではリスク
をともなうので、第2優先ターゲット層を想定しておくとよいでしょう。
　このヘアサロンの場合、

・デモ：50代、60代の兼業主婦で
・ジオ：名古屋市に住んでいて
・サイコ：子育てを終えて時間にもお金にも余裕ができ、おしゃれをし
　　　　　たい
・ライフ：夫や友人とおしゃれなレストランヘディナーに出かけるよう
　　　　　な人たち

という具合にターゲティングすればよいでしょう。


**■値引き合戦から抜け出した引越会社**
　STPのフレームワークはもちろん、中小企業でも取り入れることが
できます。
　愛知県の引越会社、引越一番の事例で考えましょう。
　引越業界では、インターネットで相見積もりが簡単にとれるようにな
っているため、何もしないと激しい価格競争（値引き合戦）に巻き込ま
れてしまいます。
　値引き合戦は、経営資源が豊富にある企業に有利なので、正面切って
挑むことは得策とはいえません。売上が少なくなり利益が悪化しますし、
「安かろう、悪かろう」と思われるとブランド価値も低下します。価格
競争はできるかぎり避ける必要があります。そのためには自社が提供で

きる顧客価値を明確にしておくことです。「**顧客価値**」とは、顧客が対価を喜んで支払いたくなる価値のことです（第4章でくわしく説明します）。それによって競争の土俵を変えるのです。

　中堅企業である引越一番が提供できる最大の顧客価値は、「愛知県・名古屋で一番親切で丁寧な引越」です。たとえば、新築のお宅に入るときには、室内を汚したりしないようにそれまで履いていた靴下を履き替えるだけでなく、違う色の靴下に1回の引越の間に何度も替えるなどの細かい努力と工夫をしているのです。

　また、引越ごとに「不満足度」アンケートをとり、お客様が「不満足」に感じたことを、すぐに翌日の朝礼で社員全員に知らせて改善するので、90％以上の顧客満足度を常に維持できています。この細やかな気遣いと、丁寧な作業による「新居に引っ越したときの幸せ感」が、他社と比較した場合の、自社独自の顧客価値になります。

　こうなると、競争の土俵が変わってきます。「価格が安いか」ではなく、「どれだけいい引越をしてくれるか」という判断基準で、お客様に比べられるようになります。すると、値引き合戦に巻き込まれることなく、別の土俵で競合と戦うことができます。

　このように、引越一番のメインのターゲット層を整理すると、次のようになります。
• ジオ：愛知県・岐阜県・三重県の東海三県在住で
• デモ：引越を考えていて
• サイコ：少しくらい高くてもいいので丁寧に家具を運んでほしいという人たち
ということになります。

　サイコの部分を、もう少しくわしく説明すると、引越会社を選ぶ際に、「値段の安さ」のみを基準に選ぶのではなく「大事な家具や新居を傷つ

けない丁寧さ」を基準に選ぶということです。つまり、「引越はどこに頼んでも同じだから安い会社がいい」という価値観を持つ層ではなく「ちょっとくらい高くてもいいから大事な新居で幸せな生活をするための家具を、きちんと運んでくれる会社がいい」という価値観を持つ層が主要ターゲット層になります。

　引越をしたい方、新築に移る方、引越をしたい大家族というデモ（属性）だけで漠然と切り分けていると、もともと大多数いるであろう、価格を比較し「安い引越会社」を選ぶ顧客層が多く来てしまいます。

　自社だけが提供できる価値に響く顧客層を探し、他社がやっていないことで優位に立つ工夫をしていくことが重要です。自社の顧客は、一度定義したら終わりではありません。スピーディな市場の変化に対応して適宜見直す必要があるため、「永遠の課題」だといえます。

### Point　ターゲット層を絞り込むには
□ フレームワークSTPを活用する。STPとは、セグメンテーション（Segmentation）、ターゲティング（Targeting）、ポジショニング（Positioning）のこと
□ デモ・ジオ・サイコ・ライフの4カテゴリーで切り分ける
□ 自社の価値が届くセグメントを選び組み合わせて「潜在顧客層」の塊にする

# ISSUE 3-3

消費者インサイト

# ターゲットを絞り込んだのに
# 売上につながらない

セグメンテーションをする切り口として、デモ（属性）・ジオ（地理）・サイコ（価値観）・ライフ（行動）の4つを紹介しました。このうち、特に重要なものはサイコとライフです。

## ■消費者インサイトで顧客の本音や動機を掘り下げる

デモとジオだけでは、十分にターゲットを絞ったとはいえません。「名古屋市在住の30代、40代の女性」は、名古屋市の総人口約230万人のうちの数十万人はいるでしょう。これでは、ターゲット層にとって的確に魅力的なプロダクトを開発することや、プロダクトの魅力をうまく伝えることができず、経営資源を効果的に配分できなくなります。

こうした事態を避けるために重要となるのが、サイコ、ライフの部分です。この2つを適切に設定できれば、自社プロダクトの魅力をターゲット層に深く伝えることができます。

心情（情緒的価値）に訴求できれば、より選ばれやすくなりますし、お客様の行動を予測できれば、見ている可能性が高い広告を選ぶことができ、より効率よく実施し投資対効果を向上させていけるからです。

サイコとライフは心理的なものであるため、デモやジオと異なりデータや数字など目に見えた形で把握できません。そこで、インサイトが求められます。「インサイト（Insight）」は「洞察」と訳され、消費者が欲するものを探り当てていく、という意味です。消費者の本音や動機を掘り下げることを「消費者インサイト」と呼びます。

自社で設定したデモとジオのセグメントを合体させたターゲット層に、消費者インサイトを加えてより深く絞り込むことができれば、顧客心理に寄り添うことができます。その結果、マーケティング活動の投資対効果の向上につながります。

顧客の内面的なインサイトは、顧客が無意識にとる自然な行動を「観察」することで発見します。具体的に説明していきましょう。

### ■インサイトの傾向を発見する「行動観察」

　たとえば、20代から40代の女性をターゲット層にしているスイーツの販売を考えてみましょう。ターゲット層が実際に買いに行きそうな場所はどこだろう、デパ地下にいそうだという仮説を立て、買っている人たちの行動を実際に見に行ったとします。こうしたターゲット層の行動を観察することを**行動観察**と呼びます。

　行動観察をすると、「ラッピングをし、プレゼント用に買う人たちは20〜30代の会社勤めの女性が多い」「家庭用に買って帰る女性は、主婦や子ども連れが多い」といった購買行動の傾向を発見できます。

　そうすると、それぞれの顧客層に合った手を打つことができます。プレゼント用に買う人たちをターゲットにする場合は「綺麗なラッピング」となり、家庭用に買って帰る女性の場合は「家族で美味しく食べましょう」という主旨のコミュニケーションが、それぞれのターゲット層に響くだろうと推測できます。

　デモとジオだけでは、こうした「顧客心理に寄り添った表現」まではひねり出せません。ターゲットに届く表現が生まれなければ、購入を促すことにつながりません。

　何事も現地現物が重要です。「わからないことはお客様が教えてくれる」という商売の本質が最も重要なのです。インサイトを探ることが、いかに効果的な広告表現に落とし込むか、最も効果的なメディアを選択するか、といった判断の基準になります。

### ■チョコレート市場のどこを狙うか？

　より具体的な事例を、チョコレート市場における、ゴディバとスニッカーズの場合で考えてみましょう。

　次ページの図は、チョコレートにおける想定市場の大きさを表しています。縦軸が、ユーザーは「何のためにチョコレートを買うか？」とい

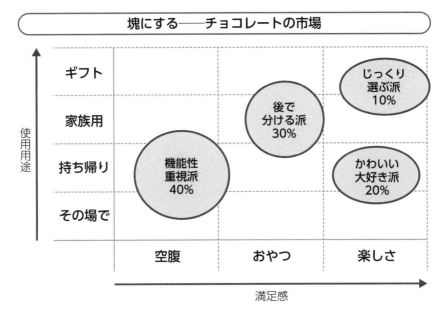

塊にする──チョコレートの市場

使用用途（縦軸）

- ギフト
- 家族用
- 持ち帰り
- その場で

満足感（横軸）

- 空腹
- おやつ
- 楽しさ

じっくり選ぶ派 10%

後で分ける派 30%

機能性重視派 40%

かわいい大好き派 20%

※"Customer Relationship Management"（Francis Buttle, Stan Maklan）をもとに著者作成

う使用用途を、横軸は「何を求めてチョコレートを食べるか？」という満足感を示しています。

　最も右上のグループは、楽しさを求めギフトのために買う層で、全体の10％、「じっくり選ぶ派」と名づけられています。一方で、一番左下のグループは、空腹を満たすために持ち帰るかその場で食べる人たちで、全体の40％、「機能性重視派」と名づけられました。同じように、右下は楽しんでその場で食べる「かわいい大好き派」、中央は家族でおやつに食べる「後で分ける派」となっています。

　もしあなたが、ゴディバのような高級チョコレートのブランド担当者だったら、この４つのうちの、どのグループをターゲットにしますか？おそらく右上の「じっくり選ぶ派」に向けて、直営店で販売したり、デパートのバレンタインデーの催事でキャンペーンを展開したりするので

はないでしょうか？　では、ゴディバはじっくり選ぶ派にしか売らないのでしょうか？　そんなことはありません。「かわいい大好き派」にも商機があると判断したので、ゴディバは店頭で食べられるようにしたのです。実際にアメリカのモールにある直営店では売られています。

　では、スニッカーズのようなコンビニやスーパーで販売されている一般的なチョコレートの担当者だったらどうでしょうか？　まずはメインのターゲット層である「機能性重視派」に向けてコンビニやスーパーに並べてもらいます。しかし、「後で分ける派」が伸びていてそこにも商機があるとスニッカーズの担当者が感じたら、小さめのプロダクトを多数袋詰めにして、スーパーなどで販売していけばよいのです。

　このように消費者インサイトによって、顧客の本音や行動パターンを知ることができれば、それに応じたマーケティング活動ができるようになります。結果、マーケティングの効果も期待できるようになります。

**Point** **消費者インサイトでマーケティングの効果を上げる**───────
□「デモ」「ジオ」だけでのセグメンテーションでは不十分で、「サイコ」
　と「ライフ」を知ることが重要
□消費者インサイトは、顧客の本音と行動パターンを行動観察で見出す
□消費者インサイトをもとにマーケティング活動をすれば効果的

STP②（ポジショニング）

# 絞り込んだターゲットが競合と重なっていたら？

　ターゲット層を決定したら、次に市場での自社プロダクトの「立ち位置」を決めていきます。これを「ポジショニング」といいます。

　市場には自社だけではなく当然、競合が存在します。顧客は自社か競合かを選択します。その中で顧客に選んでもらうために、競合の状況を把握し、自社が提供する価値で特に顧客に喜んでもらえるものを打ち出します。その際、「ポジショニング」が重要なカギとなります。

## ■ポジショニング戦略立案の４ステップ

　ポジショニングをもう少しくわしく説明すると、「自社が狙っている市場で、競合相手と比較して優位な立ち位置に立つこと」です。ポジショニングは、成果を大きく左右するものであり、マーケティング戦略の心臓といわれるほど重要なものです。

　具体的には、「顧客が抱える悩みや問題点を解決できるか」「競合相手よりも顧客に有益な価値を提供できるか」を、次の４つのステップで考えいきます。

①顧客が困っている問題や解決したい課題、欲しがる価値は何か？
②競合は誰か？
③競合との類似点（POP = Point of Parity）は何か？
④競合との相違点（POD = Point of Difference）は何か？

　プロダクトには、属性的側面と価値的側面があります。さらに価値的側面には機能的価値と、情緒的価値の２側面があります。機能的価値とはプロダクトの機能やスペックのことを指し、情緒的価値とはプロダク

トを利用・経験することによって得られる、心で感じる価値のことを指します。

顧客の多くは情緒的価値をもとに、どのプロダクトを購入するかを決定します。したがって、情緒的価値で明らかに競合とは異なる相違点を持つことが重要です。

この相違点を持ち、それを市場に告知・浸透させれば、ターゲット層から好意的に受け止められたり、強く共感されたりしながら「選ばれるブランド」になっていきます。

## ■ポジショニングマップで立ち位置を整理

スターバックスを例にとって考えてみましょう。

スターバックスをさまざまな点でマクドナルドと比較すると、「便利」という点が類似点となります。

一方で、「ゆったりできるスペースがある」という点がマクドナルドとの相違点になります。

ところが、このマクドナルドとの相違点は、街の喫茶店と比較すると、類似点になってしまうわけです。そこで、スターバックスとしては、街の喫茶店と比較されたときには「便利であること、すばやくコーヒーが出せること」を相違点として認識しておきたいところです。

こうした状況を整理するのに最適なツールが、縦と横に２軸をとった「ポジショニングマップ」です（右ページ図参照）。

ポジショニングマップの目的は、競争優位に立つために、市場での自社の立ち位置を決めることです。したがって軸を決めるときには、価格が高いか低いかというペイオフマトリクスではなく顧客から見た「自社の独自価値」または「購買決定要素」で設定します。

縦軸は「お客様が何を重視するか」という価値観の軸で考えていきます。上に行くほど「ゆったりできるスペースがあるかどうか」を重視し、下に行くほど「手ごろな価格」を重視するということになります。

もう一方の横軸は、左に行くほど「便利さ」を重視し、右に行くほど「サービスのよさ」を重視するという軸になります。市場には多くのプ

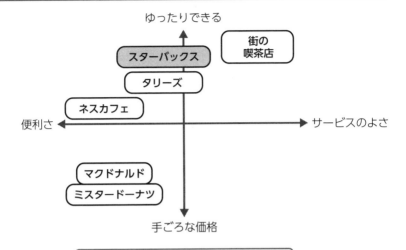

ポジショニングマップ

ゆったりできる

スターバックス　　街の喫茶店

タリーズ

ネスカフェ

便利さ　←──────────→　サービスのよさ

マクドナルド

ミスタードーナツ

手ごろな価格

軸は顧客が求める価値から設定する

レイヤーが自社と同じようなことでビジネスをしています。そのため、お客様にとってはすべてが同じに見えてしまいます。したがって、顧客に選んでもらうために、このように市場で自社がどの立ち位置に立つべきかを整理してみることは重要です。

あなたがカフェのオーナーで、第2号店を新しく出すことになったとします。店の戦略を考える際に、このようなポジショニングマップを書いてみるとさまざまなことが考えられます。

「ゆったりできる、サービスのよさ」を重視する店にすると、直接的な競合は「街の喫茶店」「スターバックス」になります。そのときにはこの2店との相違点を強調して、お客様にわかってもらうことが急務になります。

「手ごろな価格で（安くて）便利」を重視すると、マクドナルドやミスタードーナツと戦うことになりますので、彼らとは違う相違点を探して周知させるべきでしょう。

もうひとつの視点は、上のポジショニングマップで、「サービスがよく手ごろな価格」で提供している店がない点にも注目してください。ここは直接競合がいないブルーオーシャンといえます。

　このように考えていくと、たとえば個人で経営するカフェの場合でも、大手のチェーン店や老舗と比較して市場での立ち位置を考えていけば、十分に強者と戦える戦略を打ち出すことができます。

## ■ポジショニングマップを作成するコツ

　最後にポジショニングマップを作成するときのコツを紹介します。

### ①軸は顧客のニーズや感じる価値で決める

　顧客が欲しいのはプロダクトではなく、プロダクトを使った後に自分が得られるであろう「価値」です。自社プロダクトを売るという視点ではなく、「顧客」にとって何が大事かという観点で軸を設定しましょう。

### ②軸の端と端を「相対的」なものとする

　「値段が高い」の反対の端は「価格が安い」ではなく、「デザインの質」や「高い品質」のように価格以外で何に価値を感じ評価するかという点を入れます。「どちらに優位を感じるのか？」が軸の基準になると考えるとよいでしょう。ここでも機能的な要素よりも顧客価値で考えます。

### ③軸の内容を変え、違う組合せを試してみる

　ポジショニングマップは、顧客価値の軸を入れ替え、さまざまな条件を試してみることで自社の立ち位置を決めるための「試作」です。複数の顧客価値軸を試してみましょう。

### Point　ポジショニングで自社の立ち位置を整理する────

□①顧客が求める価値、②競合の特定、③類似点、④相違点の４つのステップで考える

□ポジショニングマップをつくる。軸は顧客価値で決め、軸の基準は相対的なものに設定する

□軸を入れ替えて複数の組合せを試してみる

ペルソナ・マーケティング

# 絞り込んだターゲット層を社内外でうまく共有できない

ターゲットを設定して、消費者インサイトまで絞り込んだら、それを社内外の関係者の間に浸透させていきます。社内外の関係者とターゲット像についての共通認識を持って一丸となって行動するためです。その際、典型的なターゲット像を決め、社内での共通理解を促す手法に「ペルソナ・マーケティング」があります。

## ■たった1人に絞り込む「ペルソナ・マーケティング」

チェーン展開するあるエステサロンで、「25歳から45歳の会社勤めの女性または兼業主婦で、都心在住。普段から美容と健康に気をつかう女性。可処分所得の15％以上を自分の趣味にかけることができる人」というターゲット像を設定したとします。

たしかにこのターゲット像には、デモ・ジオ・サイコ・ライフが4つともしっかりと入っています。しかし、これでは人によって解釈が異なり、像そのものがぼやけてしまうでしょう。年齢ひとつとっても、25歳と45歳ではイメージがまったく違います。これでは、共通認識を持てないまま、行動することになります。

この課題を解決するために、抽象的なターゲット像に、名前、年齢、住所などの具体的な情報を追加して、1人の架空の人物を想定し全組織で共有します。この手法を「ペルソナ・マーケティング」といいます。

ペルソナとはもともと「仮面」という意味です。心理学者のユングが「人間の外的側面」の概念をペルソナと呼んだことから、マーケティングでは「自社プロダクトを使ってくれる、最も典型的で象徴的なモデル・ユーザー像」の意味で使われます。

たとえば、エステサロンの事例でペルソナを設定するとすれば、「山本優子、38歳。東京都世田谷区玉川３丁目在住、最寄り駅は東急田園都市線二子玉川駅。家族構成は40歳の夫と12歳と９歳の男女の子ども。子どもの手がかからなくなったのを機に、週４日事務のパートに出る。週２回、ヨガ教室に通い、週末は息子の野球の試合を家族で応援する」といった具合に細かく設定します（あくまで架空の設定です）。

　このように、名前、年齢、住所、家族構成、１週間の過ごし方などの情報を加えて具体化していくのです。さらに、人物のイメージに近い肖像写真を貼ったり、イラスト（アバター）を作成したりすることもあります。ビジュアルが大事な場合には、有名人にたとえる方法もあります。

　こうして設定したペルソナを使って、ターゲット像を会議で営業部員に共有したり、広告代理店にキャンペーンなどのオリエンテーションをする際に提示したりすれば、「うちの会社は一丸となって山本優子さんのような顧客を獲得する」という共通認識を持ちやすくなります。

　ただし、ペルソナを設定したことに満足してはいけません。設定したペルソナを社内で「見える化」することが大切です。単にイントラネットにアップしたり、掲示板に貼ったりするだけでなく、確認のためにメールを送ったり営業会議でプレゼンテーションをしたりするなど、「見せる化」までするとよいでしょう。

　議論がまとまらないときなどにも、「ペルソナ（山本優子さん）だったらどう思うか」などと考えることで、顧客視点で物事を判断できるようになります。

### ■「目の前の顧客」をペルソナに設定する

　ペルソナは企業の規模を問わず効果を発揮します。

　ある自転車店のオーナーは、地域の少子高齢化に悩んでいました。子ども用の自転車を買い求める人が減り、高齢であることを理由に自転車に乗らない人が増え、売上が年々縮小していたのです。

SWOT分析（25ページ）をすると、小さなお店ならではの懇切丁寧なサービスが顧客から評価されていました。オーナー自身が得意なカテゴリーは、高価なスポーツバイクです。

まず、オーナーは「自転車はどこで買っても同じだから、少しでも安いほうがいい」という価値観の人たちをターゲット層から除外し、「ちょっとくらい高くてもいいから、いいスポーツバイクをアドバイスしてくれる店がいい」という人たちをターゲット層に設定しました。

あるとき、40代後半のお客様の北野さん（仮名）が、スポーツバイクを買いに来店し、乗り方を熱心に聞いてきました。このときオーナーは、「この人がペルソナだ！　うちの理想のお客様」と思ったそうです。

以来、ペルソナを「北野杜夫さん、48歳。愛知県名古屋市千種区在住。家族構成は大学生の子どもが2人。平日はバリバリ働き、週末はサイクリングに出かけ、自転車やパーツにはお金をかけても質のよいものを購入したい」と設定しました。

ついに、一大決心をし、子ども乗せ自転車や子ども用の自転車などのシティサイクルを店内から撤去し、店頭で販売することをやめました。スポーツバイクの適正な乗り方が診断できるマシンを購入、スポーツバイク専門店に業態転換したのです。

目の前のお客様をペルソナとして設定し、集中戦略（47ページ）をとった結果、独自化に成功して高付加価値を提供できるようになり、収益も好転したのです。

### Point ペルソナ・マーケティングでターゲットを具体化する————

□ STPで絞ったターゲット像は抽象的であるため、解釈が異なることもあるため、具体的なペルソナをつくって関係者で共通認識を持つ

□ ターゲット像に名前、年齢、住所、家族構成、1週間の過ごし方などの情報を加えてペルソナをつくる

□ ペルソナをつくる目的は、ターゲット像の社内外共有

□ 共通認識があれば、顧客を起点にした議論ができる

第 **4** 章

顧客が本当に
欲しいものは何か?

──プロダクト開発

# ■Introduction

　自社プロダクトが売れない。もしかしたらその問題の原因は、プロダクトそのものにあるかもしれません。

　プロダクトの価値が低いものであれば、どんなに優れたマーケティング戦略を立てても、顧客に選ばれ、購入してもらえません。マーケティング戦略が奏功して売上が伸びたとしても、それは瞬間風速的なもので、持続性はないことが大半でしょう。

　では、プロダクトを開発するときにどんなことを考えればいいか。

　そのひとつは、「売ろうとするから売れない」と逆転の発想をすることです。

　多くの場合、プロダクトが売れないのは、企業が売ろうとしているものと、顧客が本当に欲しいものの間にギャップがあるからです。このギャップを埋めなければ、顧客は自社のプロダクトを買おうとしません。売ろうとするのではなく、顧客のことを知ろう、顧客の求めるプロダクトをつくろうとする姿勢が大切です。

　この章では、顧客が欲しいものは何か、顧客ニーズに対応できる自社プロダクトとは何か、そして顧客が本当に欲しい価値とは何かを考えていきます。

　本章では、「独自の顧客価値を持つ自社プロダクトの開発に必要なもの」「自社目線と顧客目線のギャップの埋め方」「プロダクトのポートフォリオと優先順位のつけ方」「価格設定の手法」などについて説明していきます。

顧客価値

# プロダクトの魅力が伝わらない

　プロダクトが思うように売れないのだとしたら、プロダクトそのものの「顧客価値」が低いからかもしれません。プロダクトを売るための前提条件は顧客価値が高いことです。同じマーケティング戦略の下では、顧客価値が高いプロダクトのほうがより多くの人に届けることができます。

## ■顧客が欲しいものは何か？

　まず、「顧客価値」について整理しておきましょう。

　**顧客価値**とは、機能的価値と情緒的価値に分けられます。**機能的価値**とは、性能、機能、スペックなどの価値のことであり、**情緒的価値**とは、そのプロダクトを購入（契約）することによって得られる、心理的な効用や満足のことを指します。

　市場における競争は機能的価値ではなく、情緒的価値のレベルで起きるといわれています。顧客は、まず感情で判断し、そして機能を確認するというステップを踏みます。

### 顧客価値とは？

```
顧客価値 ──┬── 機能的価値
           │    性能、機能、スペックなど
           │
           └── 情緒的価値
                心理的な効用や満足
```

情緒的価値が購入の意思決定のカギをにぎる

たとえば、ロボット型の自走式掃除機のメーカーにとって、力を入れて売りたいプロダクトは自走式掃除機です。この場合、顧客が欲しい価値は「時間をかけずに綺麗に掃除された部屋」です。この背景には、「部屋を綺麗にしたいけれど時間がない」という顧客が抱える課題に対し、まず「自走式なら便利だ」という情緒的価値があり、その次に吸引力の強さ、手入れの手軽さ、充電時間などの機能的価値があります。

成熟期にさしかかっているスマートフォンであれば、「iPhoneなら感覚的に操作できて簡単そうだから、親子で教え合いながら使えそう」「ピンクゴールドがかわいいからXperiaにしよう」などと情緒的に考え、それから液晶画面のサイズや重量、容量やカメラの画質といった機能的価値を確認して購入する、といった具合で意思決定をしていきます。

「買う」という行動の本質は、問題を解決してくれる何かに価値を感じたうえで、属性などを調べて買い求めるということにあります。

プロダクトの購入には、「情緒的価値」が意思決定に大きく影響することを認識しておきましょう。

### ■「顧客価値の計算式」で利益と犠牲を同時に考える

顧客は、価値を見出したプロダクトを買いたいと感じます。価値とは、顧客が購入を体験するときに得る「利益」と同時に失う「犠牲」とのギャップということもできます。

ギャップなので、「**顧客価値＝利益÷犠牲**」の割り算で考えられます。100の利益を提供できても、犠牲が100なら1の顧客価値、一方で70の顧客価値でも、犠牲が10なら顧客価値は7と後者のほうが7倍も高く、それだけ買ってもらえる可能性が高くなります。実際には数値化は難しいのですが、利益と犠牲を相対的にとらえることが重要です。

顧客が得る**利益**（ベネフィット）とは、品質や見た目のよさのことを指し、**犠牲**とは、予期していないお金（費用）、購入までにムダにかかる時間やストレスを指します。

たとえばレストランであれば、美味しい、ゆったりと落ち着けることなどが顧客の利益となります。一方、メニューに価格が載っていなくて

$$顧客価値 = \frac{利益 \left(\begin{array}{c}顧客がプロダクトを\\購入して得るもの\end{array}\right)}{犠牲 \left(\begin{array}{c}顧客がプロダクトを\\購入して（するために）失うもの\end{array}\right)}$$

※"Customer Relationship Management"（Francis Buttle）をもとに著者作成

**犠牲を減らすことが顧客価値の向上につながる**

総額がいくらかかるかわからない、予約の取り方がわからない、いつも混んでいてランチは2時間待ち、といったことが犠牲に当たります。

ここで重要なことは、顧客が手にする利益だけを考えるのではなく、顧客が潜在的に感じる犠牲を減らすことが顧客価値の向上につながるという点です。

企業は自社プロダクトを売ろうとして、顧客が得られる利益ばかりを考えるものですが、顧客が犠牲にするであろうことを発見し、それを軽減することも同時に考える必要があります。

## ■回転寿司の待ち時間は「犠牲」

回転寿司業界で有名なスシローが開発したスマートフォンのアプリも、「犠牲」を削減する試みです。このアプリを使えば、「各店舗の空き状況から入れる店を探す」「テイクアウト（持ち帰り）の注文」「フェアの情報やお知らせ」「まいどポイントのチェック」などが事前にできるようになっています。

ニュースサイト「流通ニュース」の記事（http://ryutsu.biz/strategy/i053106.html1/2）によれば400万件のダウンロード実績があり、来店客の約30％がアプリを経由して来店しているとのことです。

「お客様を待たせたくない」「便利に来店してほしい」という企業としての姿勢がこのアプリで体現されていて、「顧客の利便性」を実現して

います。

　顧客が価値を感じるのは、「得られる利益が大きく、犠牲にするものが少ないとき」です。いくら美味しい寿司を安く食べられても、いつも2時間待ちでは客足が遠のいてしまいます。

　今後は、顧客がどんなメニューを好んでいるか、その好みと地域特性や家族構成の間にどんな関係があるのかなど、顧客との関係を発展させるツールとして活用できる可能性が楽しみなアプリといえます。

　このように顧客の利益を高めることを考えると同時に、顧客の犠牲についても考慮していきましょう。

**Point　プロダクトの顧客価値を高める**───────────

□顧客価値には機能的価値と情緒的価値がある

□機能的価値だけではなく、情緒的価値を高めることで顧客に購入を促す

□顧客価値は利益を高めると同時に、犠牲も考慮する

# ISSUE 4-2 プロダクトの独自化戦略
# プロダクトが類似化してしまう

　競争が激しく変化の速い市場において、競合他社と差異化（差別化）したプロダクトを世に出すのは至難の業です。しかし、似たようなプロダクトでは、値引き合戦に陥ってしまいます。それを避けるために、顧客のニーズの捉え方と、顧客視点での相違点の構造を理解しましょう。

## ■相違点を明確にし類似点の外で勝負する

　値引き合戦が起こるひとつの原因は、機能的価値のみを打ち出していることが多いからです。

　ニーズの見えている市場では、多くの企業がプロダクトを投入するので、競争が激しくなります。競争が激しくなると、それぞれの企業が違いを生み出そうとしてプロダクトの機能的価値を競って向上させ、その情報を発信します。顧客もその情報を入手するので、各企業のプロダクト間の類似点（POP）について、非常にくわしい知識を持つようになります。すると企業側がいくら違いをアピールしても、顧客には同じように見えてしまうのです。

　つまり、この類似点の領域で機能的価値を向上させることによって差異化しようとしても、最終的にはわかりやすい「価格」での勝負になります。「どうせ同じなら安いほうがいい」と考えるのが自然だからです。結果的に値引き合戦が起こるのです。

　ニーズが見えている市場に近い市場、あるいはこの市場の中で相違点（POD）を顧客に提示できれば、自社が提供できる価格ではない価値で顧客に選ばれるようになります。この価値は、機能的価値だけではなく、情緒的価値も表現されていることがより重要です。「潜在的」な顧客ニーズをつかんで情緒的価値として付加すれば立派な相違点になります。これを「独自化」と呼びます。

ここでのポイントは、価値につながる相違点をつくるアプローチは、「競合他社とは違うものをつくる」ことだけではないという点です。企業がプロダクト開発をするとき、市場にある競合プロダクトとの比較・差異化に意識が向いてしまいがちです。これではプロダクトが似通ってしまうのも当然です。顧客の目から見て「他社よりも価値がある」何かを付加する独自化が重要なのです。

## ■ホワイトスペースを見つける

　自社がすでに進出している事案の中心領域ではない美味しい潜在市場のことを「ホワイトスペース」と呼びます。このスペースで顧客の未充足ニーズを発見することが最大の相違点を生み出すカギになります。

　未充足ニーズの発見のために、数あるフレームワークの中で基礎になる『ホワイトスペース戦略』(マーク・ジョンソン、CCC メディアハウス)の考え方を用い、発見方法のステップを説明します。

### ①自社プロダクトの顧客が得る利益を明確化

　自社から見たメリット(利点)ではなく、前節で説明した顧客がプロダクトを体験した後に得るベネフィット(利益)をリストアップします。

---

**プロダクトの正しい独自化**

競合
プロダクトA
の顧客価値

自社
プロダクトB
の顧客価値

**「他社と異なることをする」のではなく
「他社よりも価値がある」と認知されることが重要**

---

清涼飲料水であれば、低カロリー、糖質ゼロ、という製品の機能的な利点ではなく、スリムな体型になれるかも、健康によさそう、美味しいドリンクが飲みたい、というプロダクト体験後に顧客が得られる価値をリストアップします。

## ②顧客のニーズの種類を洗い出す

ベネフィットごとのニーズを抽出します。清涼飲料水の例でいえば、スリムになりたい、健康になりたい、美味しいけどヘルシーな飲み物が欲しい、というのがベネフィットに対する「ニーズ（需要）」です。

## ③自社と競合がどれだけニーズを充足しているかを指数化する

各ニーズに自社と競合のプロダクトが対応できているかを、数値化または可視化します。完全にできている場合を100とした場合、60％くらいのニーズ達成率なら、ニーズはあるが充足されていないということになります。

## ④相対的に一覧化し顧客の未充足のニーズを発見する

充足されていないニーズを自社プロダクトのメリットを用いて充足させていけば、独自化につながります。

## ■ホワイトスペースを見出して独自化するアイリスオーヤマ

アイリスオーヤマでは「なるほど家電」というネーミングで、消費者のニーズに応える生活家電やキッチン家電を開発、販売してきました。大手家電メーカーが手がける王道カテゴリーのテレビや冷蔵庫、AV機器といったプロダクトではなく、日々の生活の中で「あったらいいな」という照明製品などいわばサブ・カテゴリーを中心にプロダクトを開発してきました。

なるほど家電の特徴は、すでに消費者が知っている「**顕在的ニーズ**」ではなく、いまは知らないけれど、教えてもらったらうれしい「**潜在的ニーズ**」にうまく対応している点です。前述のように「顕在的ニーズ」

の分野で勝負をすると、目に見える「スペック」での勝負になってしまい、結果的に価格競争に陥りやすくなります。競争の土俵が似たりよったりになり、そのカテゴリーのプレイヤーのプロダクト間の類似点での戦いになってしまうからです。そこで潜在的ニーズに応えられる市場を発見し、独自な顧客価値を創造することを目指すことが肝要です。

　潜在的ニーズを発見した市場でプロダクトを提供し、先行者としての優位性を確保できれば、初期においては、価格設定も自社でコントロールすることができ、値引きなどで勝負するケースが減ります。アイリスオーヤマは、このホワイトスペース（美味しい潜在市場）を探し、自社のアイディアと技術をぶつけることを得意としています。

　そのアイリスオーヤマが大型白物家電事業に参入し、その最初の商品として無線LAN内蔵で外出先からスマホで操作できるルームエアコンを販売しています。

　ホームページによるとルームエアコンは4機で、うちWi-Fiが搭載されている2機種をフラッグシップ機種とし、価格設定はWi-Fi機種が9万9800円（税抜）と7万9800円、Wi-Fiなしがそれぞれ8万9800円と6万9800円です。

　アイリスオーヤマらしさが満載のルームエアコンで、Wi-Fiで外出先からも操作できることに加えて、人感センサーによって風向も調節でき「おやすみモード」で徐々に温度を上げたり下げたりもできます。設定温度も、8時間後までカスタマイズできる「睡眠モード」や、曜日ごとに設定できるオン・オフタイマーなどを搭載している優れもので、これをスマホのアプリで直感的に操作できます。

　潜在的ニーズというと大げさに聞こえますが、家電の新たなカテゴリーで「世の中にない斬新な製品」を出しているわけではなく、ルームエアコンという既存の製品カテゴリーに既存の「機能」を足しているだけです。エアコンも各機能も、他社ブランドの製品も類似品がありますが、これらが合わさって10万円を切る価格というものは、ほとんどありませ

ん。つまり価格帯でのホワイトスペースに参入したのです。

　ターゲット設定も秀逸で、アイリスオーヤマ家電事業部統括事業部長の石垣達也氏は、「エアコンは一家に1台ではなくて、1部屋に1台がスタンダードになるだろうとみています。現在のエアコン市場は省エネ性能の争いになっており、利便性の高い商品は存在しますが、価格設定が高いのが現状です。そこで日本の世帯数の現状に合ったエアコンを発売し、単身・少人数世帯向けに快適で省エネな暮らしをサポートしたいと考えています」と語っています（GETNAVI WEB getnavi.jp/homeappliancess/128869より引用）。

　大企業では、どうしても設備投資や人件費、宣伝費などのコストがかかるため、大きめの「家族用」「リビング用」のエアコンを大量生産してスケールメリットを追い求める開発をしがちです。

　しかし、核家族化が進み、1人1室が常識となっている昨今、パソコン同様に1家に1台ではなく、1人1台のエアコンというニーズがある、と踏んだターゲティングもユニークで、組織や指揮命令系統が複雑であろう大企業ではなかなかできない発想です。

## ■アイリスオーヤマはなぜ画期的な製品を生み出せるのか？

　「ありそうでない」製品を、数多く世に出しているアイリスオーヤマですが、なぜ、このような画期的なアイディアを持つ製品を世に出せるのでしょうか？　その理由のひとつは「ヒト」にあります。

　アイリスオーヤマでは、「敵は常識」というスローガンのもと、新卒採用を行っています。このサイトからは、製品情報や会社概要と同じか、またはそれ以上の企業としての熱意を感じます。

　この熱意は、もちろんのことながら、新人だけでなく、全社員に伝わっていると思われ、こうなると従業員たちは、「会社のお墨付きをもらったうえで」常識にとらわれない発言や過去の成功体験にこだわらないアイディアを出せるようになるのでしょう。

　市場ニーズに対応したうえで、期待を超える画期的なプロダクトを生み出す企業は、このような社風を有していることが多いと感じます。ど

れだけITが進化し、IoTやAIが発達しても、発想の原点、そしてビジネスを動かすのは「人」なのです。

　企業は人なり。アイリスオーヤマに学ぶべき点はここにあります。


## ■行列のできる飲食店になるには？

　「独自化をするために、どのような手を打つべきでしょうか？」

　以前うどん屋のオーナーからこんな相談を受けました。

　そのオーナーがうどん屋の2号店を出したいと、ずっと狙っていた地域に、ほかの競合のうどん屋が出店してきた。競合の特徴として、お値打ち価格だけど安すぎず、チェーン店ではない。それに、名古屋では珍しい関東風で自分の店が提供するうどんと似ている、との話でした。

　これらの状況を踏まえて、出店計画をいったん中止して様子を見たほうがいいか、という内容でした。

　こうしたときは、コンセプトを練り直し、できるかぎり早く出すためにはどうすればいいのかを考えることが大切です。

　いったん中止して相手の様子を見る場合、メリットは相手の戦略や様子を見たあとで、相手にはないオリジナルのメニューなどを開発できる点にありますが、一方のデメリットは先行者利益を与えてしまうことです。その地域での「うどん屋」としての認知度が、競争相手のほうが先に高くなってしまい、想起率も競合より低くなることが大半です。

　一方で、現状のまま強引に同じタイプの店をぶつけていくメリットは、同じ「うどん屋」というカテゴリーで、違うタイプならともかく、同じタイプのものをそのままぶつけるメリットはないに等しく、後発にとっては価格競争に陥る可能性が高いというデメリットが大きいといえます。

　そこで、「では何で勝負していくべきか？」「どんなうどんで誰を幸せにしたいか」というコンセプトを、まずは考えるべきです。飲食店はやはり美味しい食べ物を提供してこその繁盛です。それを特にどんなターゲットに提供したいかを考える必要があります。

次に、価格や味以外での顧客価値を考えます。

　その際のヒントとして、名古屋市天白区植田山にある「ふじさわ」という寿司屋の例を紹介しましょう。冬に行くとカウンターの下に小さい電熱線が引いてあり、後から来る友人を待つ間にまずほっこりし、女将とのちょっとした会話に待ち時間もあっという間に過ぎました。つまり、顧客が満足し、次にもう一度来たいと思うのは、味はもちろん、雰囲気やおもてなしなど総合的なものになるため、価格の安さだけでの勝負は避けるのが賢明だということです。

　このうどん屋のオーナーは、自分の構想は変えずに出店するべきか、それとも柔軟に対応すべきなのでしょうか？　当たり前のことですが「美味しい」といううどんの味を維持・改善し続けることです。そのうえで、お客様に喜ばれることを取り入れる心だけは、臨機応変に常に探り改善して新しいメニューに活かしていくべきです。

　行列ができる飲食店になる秘訣をまとめると、「まずは自社だけのメニューを開発する」「誰をどうやって幸せにしたいかを徹底的に考える」「常に改善していく」、このループをつくることです。

　結局、このうどん屋オーナーは出店することを決め、ダシにさらに磨きをかけて美味しいうどんを提供しました。さらにその地域ではめずらしい関東風のおでんを新メニューとして開発し、お酒のつまみを充実させるなどして、行列ができるお店になりました。このように競合と比較することは大事ですが、どうやって高い顧客価値を提供するかがより大事なのです。

### Point　顧客視点でプロダクトの差異化を目指す

□相違点のみでなく類似点も洗い出す

□まだ充足されていないニーズ＝ホワイトスペースを探す

□「顧客は自分が欲しいものを知らない」という前提に立ち、顧客が気づいていない価値を発見しプロダクトに付加する

# ISSUE 4-3 どうやって潜在的ニーズを 見つければいいのかわからない

　顧客価値は機能的価値と情緒的価値で構成されると説明しました。定量的に表現できる機能的価値と異なり、情緒的価値は目に見えにくいものです。情緒的価値は、顧客自身が気づいていない潜在的ニーズの中にあります。ここでは、潜在的ニーズを発見するにはどうすればよいのかを説明していきましょう。

## ■行動観察を通じて潜在的なニーズを見つける

　情緒的価値は、マーケティングを仕掛ける側からは目に見えません。顧客ニーズには、顧客が自分で認識している顕在的ニーズと、認識していない潜在的ニーズがあります。

　顧客ニーズを知る手法のひとつに、リサーチがあります（33ページ参照）。しかしリサーチは、アンケートやインタビューによる聞き取りを中心とした手法なので、顕在的ニーズを探り出すことはできても、顧客が自分でも気づいていない潜在的ニーズは出てきません。潜在的なニーズは、行動観察でしか見つけられないのです。

　では、どうやって行動観察をすればよいのでしょうか？

　大企業では、自社プロダクトを実際に使うシチュエーションを人工的につくり出し、想定顧客層に実際に使用してもらいながら顧客の行動を観察してプロダクト開発に活かします。

　たとえば、花王が洗剤の「キュキュット」を開発したときには、想定顧客層である主婦をキッチン設備に集め、実際に洗剤を使い食器を洗っているところを観察しました。洗剤の主な目的は汚れを落とすことですが、行動観察をしている中で、主婦の「すすぐときに泡が早く落ちるといいわよね」というひと言から「すすぎのスピードの速さ」が重要だと

気づいたのです（『半径３メートルの「行動観察」から大ヒットを生む方法』〈高橋広嗣、SB新書〉より）。

　こうしたユーザー自身が気づいていない点こそ、リサーチでは発見できず、行動観察を通じて初めて出てくるのです。

## ■顧客視点でプライベートブランドを充実させるセブン‐イレブン

　プライベートブランド（PB）の「セブンプレミアム」や「朝セブン」シリーズが好評で好調を博しているセブン‐イレブンの事例を見てみましょう。

　まず、小売業の業態としてのコンビニを考えてみます。生活者が買い物に行く頻度や、店舗の数、人口当たりの出店密度から考えても、競争が激しい業界です。そのコンビニ業界で、セブン‐イレブンが独走している理由のひとつに、顧客の消費動向をとらえた施策があります。

　プライベートブランドでは、「セブンプレミアム」というオリジナルのパンのブランドを投入しています。さらに生鮮食品類を中心に据える「セブンプレミアム　フレッシュ」を強化し、ブランドのラインナップを豊富に展開しています。

　さらにコンビニに来店する顧客のニーズをつかんで、製品・ブランドの開発にも注力しています。パンとコーヒーのセットで200円の「朝セブン」も好調の様子で、私が立ち寄った東京の青山通り沿いの店舗では、朝８時半過ぎから、出勤途中のビジネスパーソンと思われる、20代後半から40代くらいまでの男女が、「朝セブン」を求めて行列になっていました。

　商品としての「朝セブン」は、時間帯によって変わる消費者の行動と彼らのニーズをうまくとらえた施策といえます。

　コンビニが提供する価値は、その名のとおり「利便性」です。公共料金を支払えたり、宅配便を出せたり、現金を引き出すこともできるさまざまな利便性が顧客価値に直結しています。それらを目的に来店したときに、「ついで買い」をすることで売上増につなげます。自社の事業を

単に「小売業」と定義していたら、これらの付加サービスは提供されず、ほかの小売業態との競争で優位を保ちづらくなっていたでしょう。

　セブン‐イレブンのすばらしいところは、何よりも「顧客視点」の発想で企画を打ち出している点です。ターゲット層の生活に密着した仮説を立て、ニーズが顕在化する前に先手を打って、顧客の潜在的ニーズに訴えかけて支持されています。マーケティングを通じて顧客ニーズを満たすためには、顧客がどんな行動をし、顧客体験の中で、何を求めているのかを、しっかりと見極めることが重要です。

### ■「現地現物」の意識で行動観察する

　経営資源の少ない中小企業などでは、調査会社に依頼して大がかりな行動観察プロジェクトを組むことは難しいでしょう。マーケティングコストを最適化するという意味でおすすめしません。

　しかし、自社で「現地現物」の意識を持ち行動観察することにそれほどコストはかかりませんから、取り入れない手はありません。ステップとしては、ユーザーの属性をまずは規定し、そのターゲットがいるところに行ってみて観察をすることになります。

　「誰と何をしているのか？」を観察していると、「何を大事にしている人なのか」「普段何をしていそうか」というインサイトが見えてきます。新製品開発などのプロジェクトの場合はもちろん、普段から習慣として顧客層がいそうなところにあえて行ってみると、自社プロダクトの改善や販売促進企画のアイディアにもつながります。

　あなたがチームリーダーである場合、自分だけではなくこのような考え方ができる社員を育てることも重要です。その場合は、営業や販売員など顧客接点に立っている社員から見出すことが、顧客価値の醸成につながるでしょう。

### ■顧客価値を発見するには思い込みから脱却すること

　行動観察は、日本国内だけではなく海外でも有効です。

　2017年の春に、私は自社の新規プロジェクトで、アメリカのロサンゼ

ルスへ出張しました。目的は、日本の飲食店や食品をアメリカで展開する可能性を探ることです。展開したい食品や、「親しみやすい」日本の味や料理を現地の人に届けるにはどうすればいいかを市場調査しました。

アメリカに限らず海外で展開するときには、「郷に入れば郷に従え」で、現地化しなければ売れません。このときは、売上や来客数などの量的な調査と、生活者の行動や食べている様子などを「観察」するという質的な調査の両方を行ってきました。

まず現地ロサンゼルス在住の方に、日本食が好きである顧客層がいるところとして、典型的な日本食や和風レストランはどこかと聞いてみたところ、「The 日本食といえばベニハナ（紅花）」という回答が返ってきました。

紅花は東京の日本橋で鉄板焼き店、イタリア料理、洋食レストランを展開しており、海外ではアメリカやヨーロッパで80店舗以上出店している飲食店チェーンです。

私は、寿司や天ぷらの店の名前を挙げるかと思っていたので、意外な返答でした。さっそく、予約の電話を入れてもらったところ、月曜日だというのに一杯で予約は取れず、ウェイティングならOKとのことでした。店で少し待つつもりで行ってみたら、かなり広い店内はすでに満席。ウェイティングのバーも満席でした。

来ている客層には、日本人、日系人はほとんど見当たらず、大半が日本人以外のアジア系、ヒスパニック系、またはアフリカ系のアメリカ人でした。可処分所得がある程度ある層というイメージの人たちでいっぱいでした。3世代の家族連れも散見されましたし、誕生日のお祝いにも使われていました。現地の人たちにとって、「BENIHANA」は典型的な日本食レストランなのです。

私たちが一般的にイメージするアメリカでの日本食は、寿司や天ぷら、最近ではラーメンなども人気のようですが、ベニハナでは、寿司やラーメンなどのメニューではなく、やはり肉やエビが中心でした。

このときに得た教訓は「顧客に聞け」です。日本での机上の計算や調

査、ネットではわからない、アメリカの生活者のリアルを垣間見ました。もし私が統計データのような数値だけを見ていたら、「日本食はやはり寿司、しかもカリフォルニアロール」とか、「ラーメン店が3度目のブームになっている」といった情報で判断していたでしょう。データは、すべて過去のものなので、ある程度の信用はできるものですが、将来を予測するためのひとつの指標でしかないことを痛感したのです。

この例のように、仮説を立て、自分の足で現地で想定顧客の行動を観察すると、「見逃していた（除外していた）重要な項目」を発見できることもあります。

量的な調査に加えて、顧客行動の観察の重要性を再確認することは、競争から抜きん出る一歩になります。

## ■顧客価値のギャップ解消

自身の思い込みと顧客の真の価値との間にあるギャップを解消する際に、コンサルティングの世界ではAsIs-ToBe分析を行います。あるべき姿（To Be）に対し現状（As Is）がどれくらいのずれがあり、なぜそれが起きていて、どうやって解決していくかを明らかにします。

ここでもまず、自社プロダクトを機能的・情緒的価値と、提供できる利益と犠牲をリストアップし、整理整頓することから始めるといいでしょう。一方で、顧客が感じている潜在的な不満や悩みを解決できれば情緒的価値につながり、競合よりも優位に立つことができます。

潜在的ニーズは、顧客層がどんな行動をとりそうかという仮説を構築し、仮説に基づいて、「顧客行動を観察する」または「顧客になりきる疑似体験をしてみる」ことで発見しましょう。

**Point** 潜在的ニーズを見つけるには―――――――――――
□顕在的ニーズを知るにはリサーチをする
□潜在的ニーズを知るには行動観察をする
□顕在的ニーズ、潜在的ニーズを棚卸しし、仮説を立てて検証し、売り
　手目線と買い手目線のギャップを埋める

# コト消費とモノ消費の違いがわからない

　コト消費・モノ消費とは、生活者の消費傾向を表す言葉です。**コト消費**とは、体験などの行動や買うという行為の楽しさを求める傾向を指します。一方の、**モノ消費**とは、プロダクトを所有する価値を求めて購入する消費傾向のことを指します。

## ■なぜコト消費なのか？

　世の中に出回る情報の量も増え、メディアが細分化されているなかで、生活者が入手できる情報の種類も多岐に渡るようになりました。それにともない、プロダクトを単純に購入するモノ消費だけでなく、商品に付随する体験や裏側にあるストーリーのような付加価値を含めて購入するというコト消費の傾向が強くなってきています。

　コト消費においては、競争は属性ではなく、顧客価値レベルで起こります。顧客価値は機能的価値と情緒的価値に分けられ、前述したように、生活者の多くは、まず感情で物事を直感的に判断し、機能的な側面を確認します。

　ITの進化にともない、消費活動に関する情報を入手できるメディアもデバイスも豊富になりました。

　たとえば、話題のショッピングモールに行きたければ、出店している店の種類や道のりなども簡単に検索して選べます。

　こうなると、ショッピングモールもただ広く店舗数が多い、安い商品を売っているだけでは選ばれなくなります。滞在する間に何ができるのか、ほかのショッピングモールと違う点を楽しみたい、というまるでディズニーランドやUSJのようなテーマパークに行く感覚で選ばれるようになります。

## ■TSUTAYAが展開する新しい業態「蔦屋家電」

　二子玉川ライズというショッピングモールにある蔦屋家電を例にとって考えてみます。

　まず入口からして、まるで一流アパレルのハイブランドの店舗のような雰囲気で、大型家電を売っている店とは思えません。一般的な家電量販店との最大の違いは価格表示にありました。

　「通常は2万9800円がいまだけ1万9800円」「他店より1円でも高ければ、店員にお申し付けください」というような価格中心のあおり文句は一切ありません。それどころか、価格表示さえほとんどされていませんでした。

　ディスプレイも工夫されています。たとえばドライヤーは、同一製品のカラーバリエーションが10色くらい整然と陳列されています。ただそれだけなのです。

　蔦屋家電は、「家電を売る」というよりも、「ライフスタイル」や「生活の向上」を店の雰囲気やディスプレイを通じて提案しています。「いい生活、素敵な毎日の中に、思わず微笑んでしまうような家電を選んだらどうですか？」というプレゼンテーションになっているのです。

　来店する人たちは、小売店に買いに来ているというよりも、そうしたプレゼンテーションを体験して楽しんでいます。「お買い得なものを買いに行こう」という感覚で来店していないので、価格や値引きという土俵ではないところで、蔦屋家電は戦うことができるわけです。

## ■「焼肉矢澤」に学ぶ飲食店が流行る理由

　もうひとつの事例として、ミート矢澤が運営する東京の八重洲にある「焼肉矢澤」という飲食店を紹介します。

　八重洲は、リラリーマン層が多く利用する居酒屋やバール、それもチェーン展開している店が多いエリアです。ミート矢澤と同じカテゴリーの焼肉屋も多くありますが、古くからのオーソドックスな焼肉屋か韓国料理店が多いエリアでもあります。

　その中でこの焼肉矢澤では、「Japanese BBQ」と看板に掲げ、焼き肉

のテイストを残しながら、どことなく和風料理のラインナップを揃えています。店内も明るく、無煙の備え付けコンロやガラス張りのキッチン周りは汚れひとつないピカピカの銀色のステンレスという綺麗な内装です。

　メニューはオリジナルでつくっているとのことで、最初のページに「今日の希少部位」、イチボとかミスジなどと書かれています。ちなみに、飲食店で、価格の安い順に並べるメニューをよく見かけますが、顧客が最初に見るページに一番売りたいものを大きく書き、次回まで覚えておいてもらえるようにしておくといいでしょう。

　私たちが選んだのは「サーロインの矢澤焼き」という、薄切りのサーロインをお肉を山芋と卵黄、鰹だしのタレでいただくオリジナルメニューでした。

　極上のすき焼きをいただいている感じで食べられるこの矢澤焼きは、この八重洲の店舗だけとのことで、ボトルで頼んだカリフォルニア・ワインにぴったりの味と雰囲気です。さらに、店員さんが一枚ずつ丁寧に焼いてくれて、食べ方も教えてくれ、ワインの合わせ方までアドバイスをくれるので、とても居心地のいい空間になっているのです。隣で食事をしていた女性グループからは焼く瞬間に歓声が上がるほどでした。

　日本の飲食店のレベルは高くて、顧客は美味しくて当たり前という感覚で来店します。ホスピタリティ、他店と違う独自性、ここだけでしか食べられない逸品などが相まって、次回も来店する理由になりますし、口コミをしたくなるのです。このように、飲食店も工夫次第でコト消費を演出することができるのです。

## ■この2店から何を取り入れるか？

　では、中小企業や他業種は、何をどう見習えばいいのでしょうか？ BtoBの企業では、蔦屋家電のように顧客にライフスタイルは提案できないし、焼肉矢澤のように内装をステンレスにして綺麗にするわけにもいきません。

蔦屋家電では、顧客がどこに価値を感じるのかを見極めていることがポイントです。顧客が求める価値は、「暮らしをよくすること」であり、「安い家電を買うこと」ではありません。

　顧客が本当に欲しいことを見極めて、それを提供する。簡単に聞こえますが、実行するのは難しいことも事実です。だからこそ、それができたら市場で勝てるのです。

　ミート矢澤の価値は、自社が扱っている「商品」だけではなく、お客様が自社に触れてから出て行くまでの「一連の顧客体験」すべてによって、お客様は判断するということを意識し、店づくりをしている点にあります。

　この2社は、モノを売っているのではなく、楽しいひと時を売っているのです。これがコトを売るということであり、値引き合戦から脱却するためのひとつのヒントになるでしょう。

## ■中小企業がどう応用するか

　愛知県で2店舗のペットショップを展開している「ポッケ」という会社があります。同社では、社長を始めとするペットアドバイザーが、「犬や猫を販売しているのではなく、家族を販売しているのです」という共通認識を持って経営しています。

　ビジネスモデルは、ブリーディング（産んで販売するところ）から始め、ワンちゃんを購入後に飼い始めてから、しつけやエサの種類、ひいては歯のケアまで、飼い主が知っておくべき知識を学べるセミナーを自店舗で3回開催します。

　これによって顧客はポッケのファンになり、「ワンちゃんのご飯を買うならポッケよね」「藤本さん（社長）のおすすめならこの歯ブラシにするわ」となって、少しくらい高くてもいいものが欲しいと、ポッケに来る回数も増え、そのたびに顧客体験を重ねていきます。

　顧客どうしで仲良くなり、ますます自慢のワンちゃんを連れてポッケに行くことが楽しくなり、結果としてファン度合が向上するのにともなって購買頻度も高まります。

この事業の共通認識によって、従業員も「ペットは家族である」という視点を持っており、顧客にもそれが伝わっています。結果として、コト消費を提供することになり、値引き合戦（価格競争）に巻き込まれないビジネスモデルになっているのです。

　この事例でも顧客視点があってこそのコト消費なのですが、どうしたらお客様の立場で物事を考えられるのでしょうか？
　ポッケの場合、社長の藤本さんのペット好き、お客様好き、そして人間が好きなところが出発点です。やはりビジネスや仕事の原点は、「好きこそものの上手なれ」です。楽しみながら仕事ができると、自然とお客様目線になることができる、コト消費のアイディアも生まれ、そしてビジネスそのものが好転していくという好例でしょう。

**Point** **コト消費とモノ消費の違い**───────────────
□コト消費とは、体験などの行動を買うという行為の楽しさを求める消費傾向のこと
□モノ消費とは、プロダクトを所有する価値を求めて購入する消費傾向のこと
□コト消費で付加価値を訴求し価格競争から脱却する
□顧客視点を習慣化しビジネスに活かす

# どの自社製品をイチオシにしていいのかわからない

　戦略であっても、ターゲットであっても、「すべてを狙う」のはNGです。それと同様に、自社が提供しているプロダクトを「すべて売りたい」と考えるのはNGです。重要なのは優先順位をつけることです。

　プロダクトの価値をターゲットに周知するマーティングコストも、販路を開拓する営業的リソースにも制限があります。優先順位をつけずに、すべてを売ろうとすることは経営資源を分散させてしまうことにほかなりません。たとえるなら、競合との攻防の中で広く伸ばした薄い盾で自社のカバーする領域を守ろうとするようなものです。

　自社プロダクトのラインナップにも優先順位をつけ、集中的に資源配分をするフレームワークを理解し活用しましょう。

## ■プロダクト・ポートフォリオ・マネジメント

　自社が複数展開する事業やプロダクト群（製品群）を相対的に比較して優先順位をつけることにも戦略が必要です。その戦略を練る際に使われるのが「**プロダクト・ポートフォリオ・マネジメント（PPM）**」、通称「**BCGマトリクス**」です。このフレームワークは、世界的なコンサルティングファームであるボストンコンサルティンググループ（BCG）が開発したものです。

　PPMは、横軸が競合と比較した場合の市場占有率（シェア）、縦軸が市場の成長率をとったマトリクスです（右ページ図参照）。これに、自社プロダクトをプロットしていき、優先順位をつけていきます。

　問題児　　　：市場の成長率が高い、シェアが低い
　花形　　　　：市場の成長率が高い、シェアも高い
　金のなる木：市場の成長率は低い、シェアは高い

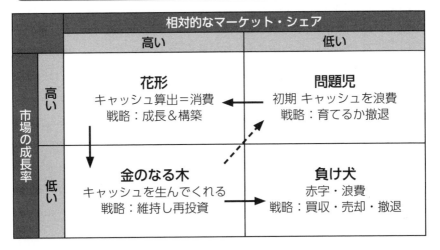

プロダクト・ポートフォリオ・マネジメント（PPM）

|  | | 相対的なマーケット・シェア | |
|---|---|---|---|
|  | | 高い | 低い |
| 市場の成長率 | 高い | **花形**<br>キャッシュ算出＝消費<br>戦略：成長＆構築 | **問題児**<br>初期 キャッシュを浪費<br>戦略：育てるか撤退 |
| | 低い | **金のなる木**<br>キャッシュを生んでくれる<br>戦略：維持し再投資 | **負け犬**<br>赤字・浪費<br>戦略：買収・売却・撤退 |

➡ プロダクトライフサイクル　┅➡ キャッシュの流れ

**負け犬** ：市場の成長率は低い、シェアも低い

　成長率の高い市場にはチャンスがあるはずなので、プロダクトを投入したいところですが、最初から大きく投資をすることは不確実性をともなうため、選択的に投資をします。基本的な考え方は、小さく生んで大きく育てる、というものです。

　成長率の高い市場に新しく導入するプロダクトは、最初は「問題児」です。初期から多大な投資をするのではなく、地域やターゲット層を限定し試験的に導入し、反応を確かめます。その反応がよければ拡大、悪い点を修正しつつ、商機があると判断したものに集中して投資をし、花形に育てます。

　花形プロダクトは、成長率の高い市場にあるので、激しい競争にさらされます。売上を上げてくれるのと同時に、さらに成長させるために投資も必要になるため、利益はそれほど上がりません。

　どんな市場にも**成長サイクル**（**プロダクトライフサイクル**）がありま

す。市場が形成されていく誕生期、市場が拡大していく成長期、やがて
成熟期を迎え、市場が縮小していく衰退期を迎えます。つまり、市場は
拡大・縮小し、新しい市場に変化していくものです。

　花形プロダクトのある市場も、いずれは成長率が鈍化し、縮小し始め
ます。その市場でのシェアが高いということは競争相手が少ないという
ことであり、競争のための投資が少なくて済む分、利益が出るため「金
のなる木」と呼ばれます。

## ■自社プロダクトの優先順位づけ

　市場の成長サイクルをふまえて、「何をイチオシにするのか」を考え
ていきます。

　まず、自社プロダクトを整理整頓し、マトリクスに当てはめていきま
す。基本となるプロダクト戦略の流れは、「問題児」の中で選択したも
のを「花形」に育て、「金のなる木」に仕立てる。同時にできるかぎり
早く「負け犬」を市場から撤退させる、というものです。

　そして、経営資源である資金や人材を各プロダクトに効率的に配分し
ます。具体的には、

- 「問題児」のテストマーケティングに当てる
- 伸びている市場にいる「花形」をより大きく育てる
- 「金のなる木」を維持する
- 「負け犬」を撤退する

といった具合に戦略を構築します。

　同時に、各プロダクトのライフサイクルに合わせて、何にいくら資金
を投入するべきかを考えることも重要です。前ページ図で点線の矢印で
示すように、「金のなる木」で生み出した資金をテストマーケティング
として「問題児」に再投資し、「花形」に育て、市場が縮小していって
も優位性を保ち「金のなる木」にするという流れのループをつくり出す
のが理想的です。

## マーチャンダイジング・カレンダーの例（1月～6月）

<table>
<tr><td rowspan="2" colspan="2">季節の<br>くらし</td><td colspan="2">生活習慣病予防週間</td><td colspan="2">花粉対策</td><td>健康診断・メタボ対策</td><td></td></tr>
<tr><td colspan="2">インフルエンザ予防・風邪予防対策</td><td colspan="2">新生活応援</td><td>ゴールデンウィーク</td><td>ボーナスシーズン</td></tr>
<tr><td rowspan="2" colspan="2">記念日<br>シーズン<br>行事</td><td>成人の日</td><td>節分 バレンタインデー</td><td>ひな祭り ホワイトデー 卒業 入学</td><td>こどもの日 母の日 衣替え 梅雨 父の日</td><td></td><td></td></tr>
<tr><td></td><td>お彼岸 春休み 花見 行楽・アウトドア</td><td>GW 旅行 運動会・修学旅行シーズン</td><td></td><td></td><td></td></tr>
<tr><td colspan="2" rowspan="2">季節</td><td>（正月）（大寒）（立春）</td><td></td><td>（春分）</td><td></td><td></td><td></td></tr>
<tr><td colspan="2" style="text-align:center">冬</td><td colspan="2" style="text-align:center">春</td><td colspan="2" style="text-align:center">初夏</td></tr>
<tr><td colspan="2">月</td><td>1月</td><td>2月</td><td>3月</td><td>4月</td><td>5月</td><td>6月</td></tr>
<tr><td rowspan="4">媒体</td><td>本店</td><td>ホワイトデー準備</td><td>バレンタインデー実施</td><td>ホワイトデー実施</td><td>入学・卒業<br>花見</td><td>母の日</td><td>父の日<br>お中元</td></tr>
<tr><td>楽天</td><td>ホワイトデー準備</td><td>バレンタインデー実施<br>ホワイトデー準備</td><td>ホワイトデー実施</td><td>入学・卒業<br>花見</td><td>母の日</td><td>父の日<br>お中元</td></tr>
<tr><td>携帯</td><td>ホワイトデー準備</td><td>ホワイトデー準備</td><td>ホワイトデー実施</td><td>入学・卒業<br>花見</td><td>母の日</td><td>父の日<br>お中元</td></tr>
<tr><td>催事</td><td></td><td>バレンタインデー実施<br>ホワイトデー準備</td><td>ホワイトデー実施</td><td>ゴールデンウィーク</td><td>母の日</td><td>父の日<br>お中元</td></tr>
<tr><td rowspan="5">製品カテゴリー</td><td>プレーン</td><td></td><td></td><td></td><td></td><td></td><td></td></tr>
<tr><td>バラエティ</td><td></td><td></td><td></td><td></td><td></td><td></td></tr>
<tr><td>季節製品</td><td></td><td>花見準備・実施</td><td>花見準備・実施</td><td></td><td></td><td></td></tr>
<tr><td>ギフト</td><td></td><td></td><td>卒業・入学<br>シーズン<br>引越シーズン</td><td></td><td>母の日</td><td>父の日<br>お中元</td></tr>
<tr><td>チョコ</td><td></td><td>バレンタインデー実施</td><td>ホワイトデー実施</td><td></td><td></td><td></td></tr>
</table>

## ■マーチャンダイジング・カレンダー

　戦略を決めたら次は戦術を明確に立てていきます。アパレルや小売業界で使う「マーチャンダイジング・カレンダー」の考え方をもとに、年間計画を立てていきましょう。

　109ページ図にあるように、横軸は月ごとのカレンダーで、縦軸に、正月やクリスマス、中元・お歳暮など市場における行事を洗い出します。その下段に、バレンタインデーやホワイトデーなど自社プロダクトのビジネスにおけるチャンスを入れ込み、チャンスに合わせて自社プロダクトを売るための企画を入れ込んでいきます。このように全体を俯瞰することによって、市場機会に応じて経営資源が割り振られているかを把握します。

　私がコンサルティングをしていたラスクに当てはめると、2月のバレンタインシーズンや11月から始まる年末商戦ではチョコラスクをイチオシに、春先にはチェリーなどの新フレーバーを導入する、といった具合です。

　何事も、大きく鳥の目で俯瞰し、徐々に虫の目で具体化していくことが重要で、この視点で経営資源の全体最適がなされているかを見ます。

### Point　製品ラインナップの優先順位をつける──────

□自社プロダクトを棚卸ししてPPM（プロダクト・ポートフォリオ・
　マネジメント）を検討する
□PPMで「問題児・花形・金のなる木・負け犬」に分ける
□同時に資金の有効活用、季節性などのタイミングも考える
□季節性を考慮した年間計画を立案し全体像を俯瞰して、個々の施策立
　案に落とし込む

イノベーション的発想

# イノベーションが
# 生まれない

　画期的とされるプロダクトは、柔軟な思考による斬新なアイディアの発想から生まれます。この発想を阻害するのが思考停止です。

　ここではイノベーションとは何か、イノベーションを生み出す発想を阻害する要因は何かを説明していきます。

## ■そもそもイノベーションとは何か？

　イノベーションと聞くと、AIの進化やIoT、ICTなど多くの技術革新による新しいカテゴリーやプロダクトの創造や、パラダイムシフトの変革を連想するでしょう。

　実務担当者として、経営陣や上司から「画期的なプロダクトはないのか？」「イノベーションが必要だ！」などと、ハッパをかけられた経験がある人も少なくないでしょう。

　そもそもイノベーションとは何でしょうか？　この本では、マーケティングの実務担当者の仕事の範囲として、**イノベーション**を、「社会と顧客に意義のある新しい価値を提供すること」として話を進めていきます。具体的には、マーケティング活動における「新機軸でのプロダクト開発」「既存のプロダクトを組み合わせた新結合としての価値創造」「自社プロダクトまたはサービスの新しい活用法」などを、ここではイノベーションと定義します。

## ■イノベーション的発想が出てこないのはなぜか？

　ヒットするプロダクトの多くは、画期的な発想から生まれます。画期的な発想が出てこないのは、「思考が停止」してしまうからです。その主な原因は「固定観念」と「過去の成功体験」にあります。これらが、自由な発想を阻んで、思考を停止させてしまうのです。

「そんなの売れるわけないよ」「こうに決まっている」という固定観念と、「うちの会社では以前この商品で成功したのだから、いままでどおりでいい。そんな新商品、売れるわけないよ」という過去の成功体験のせいで、画期的な発想はプロダクト開発の初期の段階でつぶされてしまいます。

## ■画期的な発想に多額の投資が必要とは限らない

多くの人がよく誤解しているのですが、イノベーションは、多額のお金がないとできないというものではありません。

いちご大福という和菓子があります。生のいちごが入っている大福で、もちの中に入っているあんこといちごの甘さが不思議にマッチしている和菓子です。初めていちご大福をつくった職人に、「大福の中に生のいちごなんて入れても美味しいわけがない」という固定観念があったり、「うちの店は創業以来、ふつうの大福が売れてここまで来たのだから」という過去の成功体験にとらわれていたりしたら、いちご大福は生まれなかったでしょう。

いちご大福は、「いちご」と「大福」というすでに世にあるものどうしを組み合わせたプロダクトです。このように、既存のプロダクトを組み合わせることで新しい価値を創造することを、経済学者のシュンペーターは「新結合」と呼んでいます。

ここで重要なことは、イノベーションは多額な設備投資や画期的な技術革新が必要というものだけではなく、「身近な発想」をもとにイノベーティブなプロダクトを生み出すことが可能だということです。固定観念にとらわれることなく自由な発想をすれば、ヒット商品につながることもあります。つまり、ヒット商品につながる画期的な発想は誰にでもできるということです。

ここでは、イノベーティブなプロダクト開発につなげるための発想の原点として、「新結合」「ホスピタリティ」「利便性向上」「逆転の発想」という4つのカテゴリーの考え方と事例を挙げていきます。

## ■①既存のプロダクトを合体させる「新結合」

従来の概念にとらわれることなく、前向きな発想で既存のプロダクトどうしを合体させ、新しい価値を生み出すことを「創造的破壊による新結合」と呼びます。

### ●機能を組み合わせたiPhone

アップル社のヒット商品iPhoneも、「携帯電話とネットブラウザとiPod」を組み合わせたプロダクトです。さらに指で直感的に使えるシンプルな操作性が加わり、ヒットにつながっています。

「スマホには数字や文字のボタンがあって当たり前」という固定観念や、「うちはPCと音楽配信で成功してきたんだから」「携帯電話は通話ができれば十分」というそれまでの成功体験への強すぎるこだわりがあったなら、iPhoneというイノベーションは生まれなかったかもしれません。

### ●自社と相性のいい企業と提携する

前述の引越一番では、自社の核になるビジネスの引越に加え、家電量販店エディオンのフランチャイジーを結合させることで、顧客に新しい価値を提供しています。

引っ越すときに家電の買い替えはつきもので、冷蔵庫、照明、テレビ、エアコンなどの買い替え需要はかなり多いはずです。引っ越すお客様からすれば、欲しい家電をお値打ち価格で買うことができ、引越のときに同時にそろえることができて手間を省ける、という利点があります。

引越業界は非常に競争が激しく、工夫なしで商売をしていると、自然と「価格競争」に陥ります。しかし、引越一番のように、家電も便利にお値打ちに「同時に」購入できる、という利点があれば、便利さや時間の短縮に重きを置く顧客からは、価格以外の理由で選ばれることになります。

このように、競合他社がやっていない、模倣困難なサービスを結合すると、値引きではない「顧客価値」を提供できるのです。

## ■②顧客に思いを届ける「ホスピタリティ」

　ほんのちょっとしたおもてなしのサービスも、顧客にとっては新鮮な価値になります。

### ●顧客視点でおもてなしするスターバックス

　以前、スターバックスでコーヒーを買ったら、15周年記念とのことで、VIAのスティックコーヒーをもらったことがありました。紙カップには何とも可愛らしいスタンプが押されていて、全店舗統一の本社から支給されたものではなく、自店舗で用意したことがうかがえるものでした。このような店舗ごとの企画を実施できるところが、スターバックスの独自の強みになっています。

　こうした顧客へのサービスが発想できるかがカギとなります。売り手目線での物事の考え方ではなく、買い手の立場に立っているかどうか、常に顧客視点でいられるかどうかに尽きるのです。

　そして、自社の経営理念を従業員が理解し、顧客のために何ができるかを徹底的に考えて初めて実施までこぎつけることができます。

　そのためには、

①理念を明文化する

②従業員が実践できるように行動指針に落とし込む

③形式知として社内共有する「見える化」する

④さらに、集合知を生み出すために、「見せる化」もして、毎日繰り返し従業員が反復する

　という4ステップで実現することができます。何事にも王道はなく、このような一歩一歩の地道な積み重ねが、顧客への新しい価値を生み出せるのです。

### ●美味しいものを美味しく味わってもらう工夫

　おもてなしは、経営資源の規模の大きさに関係なくできるイノベーションです。名古屋にコンパルという、サンドイッチが有名な喫茶店のチェーンがあります。アイスコーヒーを頼むと、まずはホットコーヒーと、

「氷を入れたグラス」が運ばれてきます。店員さんを呼ぶ押しボタンに、「淹れ方」が書かれていて、美味しい飲み方を教えてくれます。ランチタイムはいつも満席です。複数店舗を構えているコンパルでは、美味しいアイスコーヒーを提供するためホットコーヒーと同じ淹れ方をしている、ということです。

　飲食店が愛されリピートされるのは、一にも二にも美味しいからで、コンパルではその原点中の原点をしっかりと守っています。コンパルは、コーヒー好きの顧客の立場でホットコーヒーと同じクオリティでアイスコーヒーが出せないのかを考え、この方法を思いついたのでしょう。

　自社の企画がユニークなことはすばらしいのですが、独自性が強すぎると「自分たちはわかっていても顧客にはわからない」ことが大半です。「わかるに決まっているでしょ」という固定観念を外し、顧客視点に立った説明を押しボタンの「淹れ方」は表現しています。

## ■③顧客の「利便性向上」につながる新技術

　近年注目されているフィンテックは、金融のファイナンスと、テクノロジーを合わせた造語です。

　アメリカでは2011年前後から、日本では2014年に新聞が取り上げて、ビジネスパーソンに認識されたといわれています。読んで字のごとく、ITを使った金融の効率化などと説明されます。最近では金融IT分野のベンチャー企業のことを、フィンテック（企業）と呼ぶこともあり、フィンテックが、金融テクノロジーだけでなく、フィンテックを扱う企業を指す場合もあり、かなり広い意味で使われます。

　フィンテックが何を指すのかがわからない、という声もありますが、ここでは「ITを使うお金の流れ」と定義します。

　フィンテックが世の中に浸透してきた最大の理由は、スマホを始めとする情報機器のモバイル化、IoT化にあります。より身近になり、さらに簡単に使えるデバイスの普及によって、ビジネスの環境は大きく変わりました。銀行などの金融機関が独占していた業務を、個人や新興金融企業が代替できるようになるのは、中小企業にとって大きなチャンスで

す。

　フィンテックなどの新たな技術を理解するときに、まず考えたいのは、「顧客の利便性向上」と「業務の効率化」のためにそれぞれ何ができるかという点です。

　顧客の利便性向上では、スマホのカード決済や、オンラインゲームでの仮想通貨などで、これらによって公共料金の支払いサービスができるようになり、請求書の印刷と郵送コストが抑えられる利点があります。

　業務の効率化では、保険業界でのビッグデータ分析による、これまでできなかった査定実務での作業効率などの例があります。

　ここで考えるべきは、企業として、その周辺需要もビジネスとして美味しい、という点になります。個人の生活に入り込んでくればくるほど、セキュリティや個人情報保護に関するニーズも高まり、ひいてはスマホなどの「ハード」もニーズが出て、使い方を教えるなど「ソフト」も同様に需要が高まります。

　決済の仕組みも変わり始めています。現金主義の日本では、スマートペイなどはまだまだ普及していないという調査結果もありますが、20年前のクレジットカードのように、利便性が高いものが普及する可能性は高く、先行者利益をとる方法もあります。

　送金アプリの存在は、店舗を持って商売をしている企業にとっては、顧客の利便性を上げるのに、非常に便利ですし、手数料がかからず手軽なので、日々の買い物などで、実際に使われるようになってきています。

　私がアメリカで講演をしたとき、アメリカ人の多くは現金を持たないので、書籍販売やセミナー代もクレジットカードやスマホ決済でできると購買率や参加率もあがるのだろうな、と実感したものでした。

　一方で、自社をとりまく環境や、業界を破壊するであろう「衝撃」にいかに備えるかにも留意したいところです。たとえば、家計の管理を自動でできるマネーフォワードなどのクラウド家計簿が人気です。この考え方は企業の経理処理にも応用され、会計事務処理代行業のビジネスに大きなマイナスのインパクトが想定されます。

来たるべき時代に、どういうことに対処すべきなのかについて新しい技術のプロになる必要はなく、顧客の利便性のために何ができるか、を常に考えていく意識を持ちましょう。

## ■④「逆転の発想」をしたフリクションペン

以前、株式会社パイロットコーポレーション常務取締役、パイロットインキ株式会社取締役会長中筋憲一氏（肩書は当時）の講演「イノベーションが切り拓く新しい市場 ～消せるボールペンができるまで～」を聞く機会がありました。

書いてからも消すことができるフリクションペンは便利です。たとえばこの原稿の校正でも、赤字でいったん書いたものを消すことができるため、なくてはならない存在になっています。

フリクションシリーズのボールペンは逆転の発想で開発されました。それまでのボールペンは、インクは「絶対消えてはいけないもの」であり「消えないもの」を追求していましたが、逆に「消せるもの」を開発しようと考えたという点です。

この発想は、インクは「消えてはいけないもの」だという固定観念が強ければ出てこなかったでしょう。その点、パイロットインキは、ペンというシンプルなプロダクトに以前からある、「消せない工夫」の逆張りを実行しました。この逆転の発想はそうそうできるものではありません。

新しい「付加価値」を生み出したおかげで、価格を自身で設定できたため、利益率も上がることになります。イノベーションは「価格競争から脱却できる」ことを示す好例といえます。

しかし、市場にニーズがなければ、この技術を活かした製品もヒットに結びつきません。消費者がすでに知っている「顕在的なニーズ」ではヒットには結びつきません。自分が知っているものを欲しいとは思わないからです。「いまは知らないけれど、教えてもらったら嬉しい」という「潜在的なニーズ」を掘り起こせるかどうかが、先行者利益につながるヒット商品になります。

イノベーションは多額な設備投資をともなう技術革新だけを指すわけではありません。この事例から学ぶべきことは、真摯に自社プロダクトを愛して向き合う、固定観念を捨てる、顧客を起点に開発をスタートすることで、新しい価値を生み出すことにあります。

**Point** **イノベーションを生み出す**————————————————

□イノベーションとは顧客と社会に新しい価値を提供すること

□イノベーションに必要なものは「新結合」「おもてなし」「利便性向上」
　「逆転の発想」の4つのアプローチ

□イノベーションにつながる画期的な発想を阻害する固定観念と過去の
　成功体験にとらわれない

## ISSUE 4-7 価格設定

# 価格をいくらに設定すれば
# いいのかわからない

　「値決めは経営」とは稲盛和夫氏の有名な言葉です。企業は利益を求め、一方で顧客はお買い得を求める、というトレードオフの中で、価格設定は売れるかどうかのカギを握ります。売れないから安くしよう、と安易に考えてしまうと、営業利益も落ちてしまいますし、ブランドとしての価値も下がってしまいます。価格設定手法の種類を知り、自社の状況に適した設定方法を考えられるマインドを持ちましょう。

### ■なぜ安くしても買ってもらえないのか？

　消費者向け（B to C）のサロン経営者に、「なぜ、1時間5000円での施術なのですか？」と聞くと、「他社が1時間7000円なので安くして新規顧客を獲ろうとしました」という答えが返ってきたことがあります。

　このように相場より安く設定し、その分多くの顧客を獲得しようと多くの人が考えます。しかし、安くすればたくさんの人が買ってくれるというのはコモディティ（差別化が困難になったプロダクト）の場合です。

　競合他社より安く設定すると顧客は確かに買いやすくなるかもしれませんが、自社プロダクトの「**見た目の価値**」も下がります。

　私がセミナーを開催する事例で考えてみましょう。競合N社がマーケティングセミナーを2時間2万円で開催していたとします。そのせいか、私のセミナーは集客が芳しくなく、N社のマーケティングセミナーの価格を考えたうえで、私のセミナーを2時間1万円に値下げしたとします。こうなると受講者から見ると「これまで2万円の情報をくれていた理央さんが1万円の情報しかくれなくなった」ということになります。

　これが「見た目の価値」の低下です。このように、戦略なき値下げは、営業利益を下げるだけでなく、ブランド価値も下げてしまうため、避けたいところです。

## ■価格設定３つの視点

　価格設定で必要な視点を、「上から」「下から」「顧客から」の３つの方向から考えていきます。

　「上から」とは、損益計算書の最上段にある売上にあたる価格で、市場における競合他社との相対的な相場感を考えるアプローチです。価格の相場感を見て、競合他社と比較し、自社が価格でどのポジションを取るかを考えます。安すぎる価格設定は、他社より質が落ちるなど「見た目の価値」が下がりブランド価値を損ねる可能性があるといいました。逆に高すぎれば、競合に奪われてしまう可能性も出てきますので、まずは価格における競合状況を把握します。

　「下から」とは、逆に自社が確保したい利益にコスト（原価）を積み上げて価格を設定するアプローチです。

　最低限確保したい１個またはサービスの場合、１ユニットを販売した場合のマージン（限界利益）を設定し、製造原価や送料、減価償却などの原価計算を積み上げ価格設定をします。

　「顧客から」とは、想定顧客層が買いたくなる範囲で価格を設定するという考え方です。想定顧客層にリサーチをし、適正価格を決定するというアプローチです。

　この３つからひとつだけを選ぶのではなく、３つのアプローチを総合的に考慮して最適な価格設定をしていきます。顧客層の価格に対する価値観と、この３つを組み合わせて、より理想的な価格設定をします。

## ■上からと下から：スイーツのラスクの事例

　スイーツのラスクを例にとって考えてみましょう。

　新製品Ｈというラスクを販売開始する際に、業界１位の競合Ｘ社が６枚入り800円、業界２位のＹ社が６枚入り700円で販売していました。まずこの段階では、市場のリーダーが800円なので800円以上だと売れづらくなり、２位の700円前後が適正そうであると考えておきます。

　次に、１個売れた場合に最低限必要なマージンを300円と想定し、１個当たりに換算した製造原価や人件費などのコスト300円を足した額と

して600円と想定すると、設定すべき価格は600円から800円の範囲だと考えられます。

## ■ PSM分析で顧客視点を入れる

では、3つめの「顧客から」はどのように考えればいいのでしょうか？

顧客視点で価格に関してどれだけ受容度の範囲があるか、「PSM（Price Sensitivity Measurement）分析」というフレームワークを用いて検証します。

以下の4つの質問で、数量的なリサーチを行います。

① 高すぎてとても手が出ないと思い始める価格

② 高いと感じ始める価格

③ 安いと感じ始める価格

④ 安すぎて不安に思い始める価格

これらの質問への結果をまとめると、おおよそ下図のようになります。

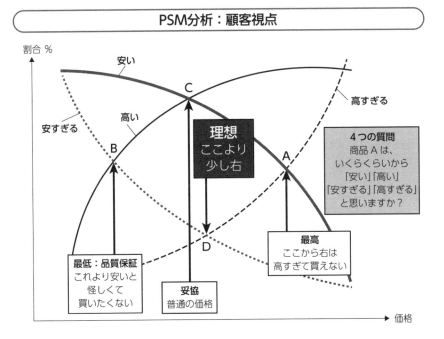

**PSM分析：顧客視点**

高すぎる価格と安いと感じ始める価格の交点Aは、これ以上高くするといくら品質がよくても受容できない価格になるので、値決めの際の最高値になります。

逆に安すぎると感じる価格と高いと感じ始める価格の交点Bは、これ以上安いと品質に不安が出ると感じられてしまう価格なので、最低限の価格がここになります。この範囲内で設定をしていきます。

高いと思い始める価格と安いと思い始める価格の交点Cは、これくらいならしょうがないな、と顧客が妥協する価格と解釈できます。

X社のような業界のリーダーがこの価格帯で値決めをしているケースが多々見られます。最後に、高すぎる価格と安すぎる価格の交点Dは顧客層の価格に対する心理的なバランスが最も良いことを示すので、この価格が、それより少し高い価格を目指します。

## ■PSM分析の注意点

PSM分析で注意したいのは、一般の人たちを対象にリサーチする場合、「低めの価格で買いたい」という心理が働くため、結果も低めに出ることが多い点です。これを考慮して少し高い価格に設定します。

高めに設定する理由として、後で値下げすることに顧客は寛容ですが、値上げを好意的に受けとめる顧客は少ないのが一般的です。

たとえば、自社にとって初めてのカテゴリーに投入する新プロダクトの場合、初期のモニタリング期間中に、実際売りたい価格より低いお試し価格を設定することもあるのは、お得感を出して「お試し」をしてもらい、よければ通常価格で購入してもらう、という戦略をとっているからです。

また、初期はリアルの店舗で販売し、継続購入をネット販売でと考えている場合は、送料もコストになるので、送料を想定した価格設定にするか、顧客に負担をさせるか、という選択になります。現状では、リアル店舗が住居圏に比較的近い日本では、送料がかかるならリアル店舗で買おうという判断をする生活者も多いため、送料も想定した価格設定が肝要です。

値決めが重要なのは、顧客と顧客候補である生活者全般の心理という見えないものを相手にするため、正確な判断が難しい点にあります。

　ここで説明しているアプローチはあくまで基本形ですので、3種類の手法で検討したうえで、現状に即して判断していくことが成果につながるカギになります。

**Point** 価格設定はフレームワークで考える───────────

□ 3つの視点、上からの相場感、下からの利益確保、顧客からのPSM
　分析を組み合わせる

□ フレームワークだけでは十分ではなく、状況を把握し想定外にあらか
　じめ備える

□ 生活者の心理をふまえて価格を設定する

第 **5** 章

自社プロダクトを
「どうやって」届けるか?

──マーケティング・
　　コミュニケーション

# ■Introduction

　ここまで「誰に（ターゲット設定）」「何を（プロダクト開発）」について話を進めてきました。これからは、「どうやって（マーケティング・コミュニケーション）」について見ていきましょう。

　マーケティング・コミュニケーションとは、自社プロダクトの独自価値を表現する「メッセージ」を、「メディア」に載せて顧客（顧客候補）に届けることです。生活者の趣味嗜好が多様化し、WebやSNSなどメディアも細分化しています。その状況の中で、自社プロダクトの独自価値を周知、理解してもらうことが困難になっています。

　自社プロダクトのターゲット設定が適切で、プロダクトも魅力的であるはずなのに売れないのであれば、顧客とのコミュニケーションが適切になされていないことが十分に考えられます。

　具体的には、「メッセージが刺さらなく、伝わらない」か「顧客層が見ているメディアを選んでいない」のどちらかに原因があります。

　メッセージについては、前章で述べたように、自社プロダクトの機能性のみを表現していて独自価値を伝えていないと、他社と価格で比較されてしまいます。

　メディアについては、顧客層が見ている確率が高いものを選び、適切に組み合わせることが成果に直結します。

　メッセージ生成とメディア選択で重要なのは、顧客視点に立つことです。売ろうというセリングの姿勢でいるよりも、自社プロダクトの価値を伝えるというマーケティングの視点を持つことで、顧客の潜在ニーズに刺さる表現をひねり出すことができます。

　売ろうとしても売れません。知ってもらい、買ってもらい、また買ってもらう、というサイクルをつくることができれば、自社にとって理想的な顧客創造につながります。

　複雑化する市場で、顧客と顧客候補にいかにメッセージを届けるか、理解を促進するか、というコミュニケーション手法を考えていきます。

コミュニケーションデザイン

# 「その広告で売れるのか?」と聞かれても困る

　購買者や訪問者の行動が記録として残るインターネット広告と異なり、テレビ、ラジオ、新聞、チラシなどの広告は、売上に直結したかどうかの効果を測定することは困難です。

　顧客とのコミュニケーションにおいては、目的を明確にし目標を設定したうえで、効果について最終評価をする必要があります。そのために、広告の打ち方などの手法論で考えずに、コミュニケーションキャンペーン全体を「デザインする」ことをまずは考えましょう。

## ■キャンペーン立案のプロセス

　新規プロダクトを市場に導入したり、既存プロダクトを市場で再活性化したりする際に、期間を決めてコミュニケーションをとることを「キャンペーン」と呼びます。キャンペーンの立案プロセスは、次のようになります（次ページ図参照）。

① **分析・問題発見・課題形成**
　市場でのシェア、認知度、好感度、自社の歴史などを分析し、問題を発見、自社プロダクトについて何をすべきかという課題を形成する

② **顧客戦略決定**
　想定顧客層と競合に対するポジショニングを決める

③ **目標設定**
　課題解決のための目標設定をする。各項目の評価軸を決める

④ **予算決定**
　広告制作費、販売促進費、媒体購入費の総額を決める

⑤ **コミュニケーション戦略**
　目標達成に効果的なメッセージをつくる「クリエイティブ戦略」と、

効率的にターゲットに届く「メディア戦略」を決定

⑥ **実施**

⑦ **評価**

　収益目標に加え、③で決めた認知度や受容度などの項目も評価する

　このように7つのプロセスを踏みます。評価して終わり、というわけではなく、評価にもとづき、次のキャンペーン立案に活かしたり、市場機会を発見して新プロダクト開発につなげたりできるように、PDCAサイクルに乗せていきます。

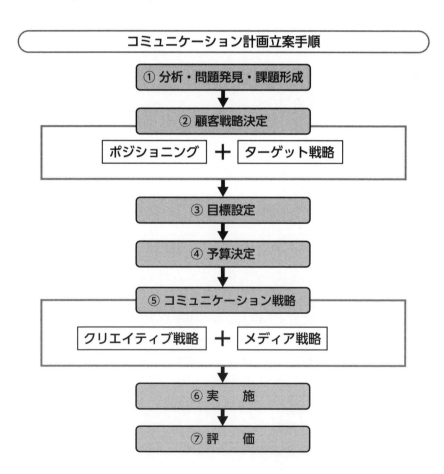

コミュニケーション計画立案手順

① 分析・問題発見・課題形成

② 顧客戦略決定

ポジショニング ＋ ターゲット戦略

③ 目標設定

④ 予算決定

⑤ コミュニケーション戦略

クリエイティブ戦略 ＋ メディア戦略

⑥ 実　施

⑦ 評　価

## ■コミュニケーションデザインの実践事例

　清涼飲料水のメーカーＰ社が新製品「Ｐ・ライト」を市場に投入するとします。

　分析の結果、前述した認知度向上と好感度改善のKGIを設定します。続いて、各KGIの達成につながるKPIを設定します。

　認知度向上のKPI項目は、認知度そのものの調査に加えて、カテゴリー内での「想起率」、広告の露出頻度や到達の範囲などが挙げられます。好感度のKPIは感覚的な指標になる場合が多いため、大企業の場合は、SNSでの投稿回数やグループインタビューなどの質的な調査を組み「口コミされた回数（シェアオブボイス）」を指標とします。目標設定時には同時にキャンペーン予算の大枠も決定します。

　目標を明確化したら、コミュニケーション戦略の構築です。文字のコピーと画像や動画などのイメージで構成される「クリエイティブ」も、目的達成にもとづき、ターゲット層にアピールできる内容のものを開発します。このケースでは、認知度を上げるために、プロダクト名やパッケージデザインを中心に据えたり、ターゲット層に好感度が高い有名人を起用したりする手法がとられます。

## ■クリエイティブとメディアのKPI

　マーケティング・コミュニケーションの著書もあるストックホルム商科大学の教授、マイケル・ダーレンは、クリエイティブを開発するときに考えるべき次の５種類のKPIを挙げています。

- **認知度**（Recognition）：認知されている度合いとカテゴリー内で想起される率
- **反応率**（Responsiveness）：キャンペーンの広告宣伝に対する反応率
- **受容性**（Receptivity）：好感度など好意的に受け入れられているかどうか
- **関係性**（Relationship）：継続的購買などロイヤルティ（忠誠心）を含む関係性が構築できたか

- **関連度**（Relevancy）：競合他社のプロダクトと比較してターゲット層が自分に近いと感じるかどうか

　メディアに関しては、それぞれの特性を考慮して、認知度を上げるためにメッセージが顧客に効率よく届くか、イメージを植えつけられるかを基準にし、想定ターゲット層が見るであろう確率を基準に選定し組み合わせます。各メディアでのメッセージ表現を統一させる考え方を「統合型マーケティング・コミュニケーション」と呼びます（くわしくは後述します）。
　メディア選択の際に、判断基準となるKPIは次のものです。

- **到達度**（Reach）：どれだけの範囲・人数のターゲット層にメッセージを届けられるか
- **頻度**（Frequency）：想定ターゲット層に何回届けることができるか
- **見る機会**（OTS = Opportunity to See）：何回ターゲット層の人の目に入るか

　クリエイティブとメディアのコミュニケーション戦略を構築したら、戦術を選択し、施策を開発し、実践します。実践したら終わりではなく、設定したKPIをチェックしながら、施策の精度を上げていきます。
　このときに、特に注視しておきたいのが口コミの広がり具合です。インターネット上、特にSNSでの口コミはエゴサーチ（自社や自社プロダクトの名前を自分たちで検索すること）をすれば確認できます。同時に店頭や販売店におけるリアルでの口コミを観察することで、施策の改善や次の一手に活かすことが成果につながります。
　PDCAサイクルを回し常に改善を心がけることと、今後の新ブランド開発につなげることが重要です。

## ■既存プロダクトの再活性化のケース
　ここでは新規プロダクトの市場導入の事例を見てきましたが、既存プ

ロダクトを再活性化するような市場シェア獲得を目標とする際には、各KPIをブランドスイッチの指標に変更するなど、自社の目的に準じた内容にすることが必要です。

中小企業の場合もこのプロセスに準じてキャンペーンを立案するフレームワークとして用いることができます。KPIの中で大規模な数量的調査をともなうものは、代替案として自社従業員によってヒアリングを実施するなどしてカスタマイズすればよいでしょう。

**Point** **広告や販売促進を単体で効果測定せず全体図を描く** ────

□企画段階でKPIを設定し効果測定につなげる

□広告単体が直接売上に貢献した度合いは計測困難だが、各KPIが間接的に貢献することをロジカルに説明する

□PDCAサイクルで常に観察

# ISSUE 5-2 どうやって「買いたい」と思われるメッセージをつくるのか?

　マーケティング・コミュニケーションとは、「顧客との相互の意思伝達」のことを指します。

　具体的には、自社から顧客へのメッセージの発信と、自社のメッセージに対する顧客の反応の2点を指します。

　自社と顧客の間で「双方向」でメッセージをやりとりすることによって「顧客との関係性」をつくり出すことである、という点が重要です。

## ■マーケティング活動におけるコミュニケーション

　マーケティング活動の立案の順序は、まず「誰に(ターゲット選定)」と「何を(プロダクト開発)」を徹底的に考えることです。次に、自社のプロダクトをターゲットに「どうやって」買ってもらうか、を考えます。この「どうやって(マーケティング・コミュニケーション)」は、マーケティング活動の中でも一番楽しいパートです。広告や販売促進など、顧客が自社プロダクトを最初に目にするきっかけになるため、とても重要な活動です。

　ターゲット層への伝達手段になる「どうやって」は大きく、「クリエイティブ(メッセージをキャッチコピーや画像・動画などで広告表現したもの)」と「メディア(媒体:テレビや新聞・雑誌、インターネット)」の2つの要素に分かれます。

　なぜ「どうやって」を最後に考えるのでしょうか?

　たとえば、想定顧客の注意を引くためのキャッチコピーであれば、「誰に」「何を」を考えておかないと、ターゲットに響く表現をゼロから考えることになります。

　したがって、「誰に」「何を」訴えるかを明確にしておかないと、想定顧客が最初に目にするキャッチコピーも心に刺さらず、響かない広告に

なってしまいます。

　同じように、その表現をお客様に届けるメディア（媒体）にも、数多くの種類があります。もし自社の広告を顧客が一切見ていない媒体に露出したとしたら、その広告費用はまるまる無駄になってしまうのは明らかです。顧客が接する確率の低い媒体に、いくら時間と資金という貴重な経営資源をかけても、投資対効果は上がらないのです。

　特にメディア（媒体）は、テレビやラジオのようなマス媒体から、新聞雑誌のような印刷媒体、インターネットも含めると数多くあるため、まずはターゲットが触れる確率の高い媒体を「中立」の立場で考えるということが重要です（146ページ「メディア・ニュートラル」参照）。

## ■顧客に「買いたい」と思われる表現とは？

　顧客が自然に「買いたい」と思ってくれる表現とは、どのようなものでしょうか？

　まず、顧客価値が盛り込まれていることです。プロダクトの機能的価値だけを押し出すのではなく、お客様が使ったときに感じる情緒的価値を表現し、顧客が自社プロダクトを使っている自分自身の姿を想像できるようにしていく、というイメージです。

　ある自動車会社のCMで、家族で寿司屋に行き、お母さんが子どもたちに、「低燃費の車に買い替えたから、節約できるわ。今日は好きなものを食べていいわよ！」というストーリーのものがありました。

　これまで低燃費のクルマのCMでは、「業界初　リッターXXkm達成！」などという機能性を押し出した表現がよく見られました。自動車の購入を検討するときには、購入時の価格だけではなく、維持費も考慮します。ターゲット顧客に「1リットル当たりの走行距離」という機能性で訴求するよりも、「このクルマは低燃費ですから、ガソリン代が節約できて、家計に余裕ができます。たとえば外食ができますよ」と顧客がよりイメージしやすい表現で情緒的価値を訴求しているわけです。

　このように想定顧客が求めること、手に入れられる「顧客価値」を想像できるように表現していくことが「売れる仕組み」を構築することに

つながります。

　顧客価値を表現するときには、まずは「売り手目線」の機能的価値ではなく、「買い手目線」の情緒的価値へと目線を転換することを意識しましょう。どうしてもマーケティングをする側の企業は「売り手目線」で物事を考えてしまいがちです。

　自動車CMの例であれば、「クルマを買った後に自分がどうなるのか?」が、想定顧客が知りたいことであり欲しいことなのです。

　顧客とのコミュニケーションでは、いかに「刺さる・響く表現」をメッセージとして発信できるかがカギになります。このときのベースになるのは、ターゲット層を決めるときに考えた「サイコ(お客様が感じる価値観)」を表現の中に入れ込んでいくという考え方です。

### ■「泉州水なす」に学ぶ顧客ニーズの表現方法

　この顧客視点を入れ込んだ表現をつくることの重要性は、企業規模の大小に関係ありません。

　友人から「泉州の水なす」をもらったことがあります。以前水なすが好きだという話をしたら、それを覚えてくれていて送ってくれたのです。旬の時期だったこともあり、うれしくてすぐに通販で送られてきた箱を開けてみました。ちなみに、通販はこの箱を開ける瞬間が一番うれしい、とアマゾン時代に知りました。

　こぶしよりやや大きめなビニール袋を開けてみると、米ぬかに包まれた、見るからに美味しそうな「泉州の水なす」が5つ入っていました。この米ぬかをさっととり、軽く水洗いすれば、そのまま食べられるのです。

　友人が送ってくれた水なすは南宗味噌株式会社のもので、なんと創業は慶応三年(1867年)とのこと。わが家でなすを食べるのは私だけなので、「そうか5つもあるのか.どうしようかな」と思っていたら、水なすの食べ方のマニュアルが同封されていました。

　これによると、美味しい食べ方は、まずへたを切り落としてから「手

でさく」のがいいとのことでした。このマニュアルがなければ、私は包丁で切って皿に盛って食べていたでしょう。手でさいてみると、より一層美味しく感じるのは、きっと気のせいではありません。

　さらに素晴らしいのは、「漬け物の漬かり具合の目安」が書かれてあったことです。1日目はサラダ感覚で、2、3日目は浅めに漬かっていて4日目がやや深め、そして5日目以降は細かく刻んで、水で絞ってごま、生姜醤油でお召し上がりください、とありました。「ふむふむ、これは便利だ」と思い、これなら1人で毎日違う楽しみ方ができるな、と安心して食べることができたのです。

　このマニュアルには学ぶことがとても多く、最大のポイントは「水なすの食べ方をしっかりと顧客に教えている」ことです。企業によくありがちなのは、お客様がわかっていないことや知らないことを、当然知っているものだと思い込み、伝えずにそのままにしておくことです。

　この水なすのケースでいえば、企業やその地域の人はわかっていても、ほかの地域の顧客は、食べ方を知らないことが多いでしょう。

　このように「手でさくと美味しいんです」とか、「1日目はサラダ感覚、4日目はしっかり味がついています」と教えてあげると、ユーザーは「なるほど！」といいながら食べられ、プロダクトへの親近感と満足度が増します。ユーザーが知らないけれど、教えてもらったらうれしいこと、すなわち顧客の「潜在的なニーズ」を喚起することで、「喜び（顧客歓喜）」を提供できるのです。

　こうして美味しく水なすを食べることができれば、「次にも買おう」とリピートしたくなりますし、「誰かに教えてあげたい」と口コミや紹介につながります。

　重要なことは「美味しい食べ方」という価値がついているだけで、「価格で勝負しなくてもいい」土俵で勝負ができるようになることです。これこそがほかにはないという意味で、立派なイノベーティブな発想なのです。ちなみに、Webサイトにもこの漬かり具合の目安は書かれているので、新規の顧客獲得の一助となっています。

## ■顧客が「知らなくて、知ったらうれしいこと」は何か？

顧客視点を入れ込んだ表現をつくるためにはどうすればいいでしょうか？

まず、顧客が感じる価値を洗い出し、次に外部の人や協力会社に依頼し、客観的に価値を見つめ直し「顧客がいまは知らないが教えたら喜ぶこと」をランダムに挙げてみます。そしてそれを各種ツールで表現するという、いたってシンプルなプロセスで考えればよいのです。

このとき、「顧客が欲しいのは自社プロダクトとは限らない」という点に注意しましょう。顧客は、水なすや漬け物を物理的には買いますが、本当に欲しいのは、「美味しい料理」や「楽しい食事」なのです。水なすでなくても、キュウリでもよければ、梅干しでもいい。

したがって、表現するうえでは、「顧客が水なすを食べている様子」のイメージ画像があると、ユーザー側は、その様子を想像することができ、買う気持ちが強まります。特に、新規顧客に買ってもらうには、「使用している状況」が想像できるようにしておくと反応率が大きく上がります。南宗味噌の水なすはとにかく美味しい。「美味しい」が、お客様がリピートしてくれる最低条件であり、この同封のマニュアルはさらにプロダクトのよさを後押しする、素晴らしいツールになっているのです。

### Point 「買いたい」と思わせる顧客表現をつくる——————

□メッセージを開発するためには、想定顧客層か自社プロダクトを使用した後に感じる価値を見つめ直す

□情緒的価値を想像し表現することで、自社プロダクトを使っている顧客自身を想像させる

クリエイティブの開発

# カッコいい広告が
# つくれない

　マーケティング・コミュニケーションの中でも広告やイベントは、マーケティング活動の醍醐味ともいえます。そのため「目立つコピーをつくろう」「奇抜なデザインで目立たせよう」と意気込みがちですが、顧客層に伝わらないものになってしまっては意味がありません。

　独自価値を、顧客層に刺さる形でメッセージにするには、どうすればいいのでしょうか?

## ■クリエイティブ開発のフレームワーク

　広告表現では、自社独自の価値をどのようにメッセージに変換するかがコミュニケーションの第一のカギになります。

　よい広告・クリエイティブとは、「成果につながること」です。先進的である、新しい、カッコいい、他社がやっていないなどは、手段であって目的ではありません。

　成果につなげるためには、KPI立案時に立てた戦略にマッチさせてKGI達成につなげていく、という考え方をしましょう。

　クリエイティブ開発のステップは、
① 想定ターゲット層のデモとジオを規定する
② 想定ターゲット層の行動と価値観(インサイト)を探る
③ インサイトと顧客価値を合体させる
④ 表現の方向性を決めひねり出す
　となります(大企業の場合だと、④は広告代理店に依頼し開発をすることが多いでしょう)。

## ■クリエイティブ開発のステップ

　私が以前担当していた「ラッキーストライク」という外国タバコの事例をもとに、ステップを解説していきます。

　性別、年齢、職業、家族構成などのデモと、住んでいる場所や働いている地域などのジオのセグメントに関しては、年間を通して調査依頼している提携企業からのデータを用いて、市場が伸びているか、自社が強いセグメントか、自社内の他ブランドとの兼ね合いなどをガイドラインとして考慮し、自社内で規定します。

　ラッキーストライクの場合のデモとジオは、「21から35歳までの都心に住むまたは勤務する男性スモーカー」となります。

　しかし、同セグメント内に「マールボロ」という強力なブランドがありました。競合のマールボロが「仲間を大事にし、グループで行動するという価値観と行動をする」のに対し、「自分のライフスタイルにこだわりを持つ」「単独行動を好む」といった行動や価値観をラッキーストライクのインサイトとしてクリエイティブに付加します。

　プロダクトの独自価値としては、当時発売開始125年の歴史を持つ正統派のアメリカンブランドという定着したイメージを加味して、クリエイティブの方向性を決めたうえで、広告代理店に案の作成を依頼します。結果的に嗜好品であるタバコの重要なKPIであるターゲット層における好感度の数字を向上させることにつながりました。

## ■クリエイティブ開発の留意点

　依頼の段階でよくある問題は、依頼側と制作側のコミュニケーションのミスです。私もマネジャー時代に、「広告代理店が思いどおりの案を出してくれない」とチームメンバーから相談を受けることがありました。

　クリエイティブは、非常に抽象的なものなので、依頼側と制作側がそれぞれ「よい」と感じるデザインやコピーが異なります。この意思統一をできるかぎり確度の高いものにするためには、依頼内容やペルソナをコンパクトにまとめた「オリエンシート」を作成し、文書の形で残すことが有効です。会議における議事録と同じで共通認識を持つのに役立ち

ます。

　このオリエンシートにもとづき、広告代理店側に以下の内容を網羅する「クリエイティブ・ブリーフ」の作成を依頼します。

- **目的**：広告で達成すること
- **ターゲット層のまとめ**：デモ・ジオとインサイト（サイコ・ライフ）含む
- **顧客の現状と将来像**：ターゲット層が現在抱えている問題をこの広告でどう解決するのか
- **提案するメッセージ**：顧客価値の何をどう表現するか
- **信じる理由**：上記を達成できる根拠
- **トーン&マナー**：クリエイティブの雰囲気を軽快にするか重厚にするか、ユーモアを入れるかシリアスに語るか

　漠然と頭の中にあることだけで打合せを重ねても、お互いが納得するクリエイティブが生まれることはありません。意思統一をし、迷ったら原点に戻ることで軌道修正をしながら、クリエイティブを練り上げていきます。


**Point** いきなりクリエイティブをつくろうとしない────────

□クリエイティブ開発のステップを理解して成果につなげる

□制作サイドとの共通認識を持つために「オリエンシート」「クリエイティブ・ブリーフ」を用意し、迷ったときには確認する

# ISSUE 5-4 以前はよかった広告の反応が落ちてきた

　企業が自社プロダクトの情報をいくら発信しても、その情報が選ばれなければ意味がありません。幾多の情報の中から自社が発信する情報を顧客に選んでもらってこそ意味をなすものです。

　そのためには、顧客がどのような状態にあり何を考えているのかを理解したうえで先手を打つ必要があります。

## ■生活者の心の動きを整理する「AIDMA」

　生活者が何かを購入する際の意思決定には段階があり、「AIDMA（アイドマ）」というフレームワークで表現されます。ニーズに気づきプロダクトの存在を知り（Attention）、興味を持ち（Interest）、欲しくなり（Desire）、いったん覚える（Memory）、買う（Action）というプロセスになります。

　このAIDMAの意思決定モデルは、低単価で生活者が深く考えずに購入する**低関与製品**（一般消費財など）の購買時のプロセスです。しかし、自動車や住宅、生命保険など多くの要素を考慮して購入を決める**高関与製品**においては、意思決定までにより多くの過程を経ることになります。

　ITの浸透で情報収集が容易になったこともあり、消費者は、買うまでに情報を探し、直前まで買うべきかどうか、比較評価を繰り返し、購入後も情報を共有・口コミします。

　AIDMAの各フェーズの直前に生活者が何を考えているかを生活者視点で見てみると、そもそもプロダクトの存在を知らず、知ったとしても興味がなく、興味を持ったとしても欲しくはなく、欲しいと感じても忘れている、思い出して買いたくなっても、どこに売っているのかわからない、という状態でいます。

　何もしないでいると、各フェーズで大きな機会損失をしていることに

## 購入までの意思決定

| | 心の動き | | お客様の状態 | すべきこと |
|---|---|---|---|---|
| 1 | 知る | Attention | **知らない** | 伝える |
| 2 | 興味 | Interest | 知っているけど**興味がない** | くわしく伝える |
| 3 | 欲する | Desire | 興味はあるけど**欲しくない** | 好感度 |
| 4 | 覚える | Memory | 欲しいことを**忘れている** | 記憶 |
| 5 | 探す | Search | どれがいいか**知りたい** | 差異化 |
| 6 | 買う | Action | 買う場所が**わからない** | 機会提供 |
| 7 | 使う | Usage | 次を**忘れてしまう** | 再購入促進 |
| 8 | 共有 | Share | 友達に**教えたい** | 場所提供 |

なります。その機会損失を最小化するために、購買に至るまでの各フェーズにおいて想定顧客に対して自社がすべきコミュニケーションの目標を立て、この問題を解決するためのコミュニケーション課題を形成します。

　そして各フェーズでの課題解決に最適な媒体を選択し、組み合わせていきます。

### ■低関与製品の構築モデル

　清涼飲料水Ｐ社の新製品の市場導入のような、一般消費財で低関与製品を事例に考えていきましょう。

まず想定顧客層に広くプロダクトの存在と名称を認知させるために、初期はテレビ広告、ラジオ広告を中心に広告を掲出。ほぼ同時に、製品への評価を醸成して話題を喚起し興味を持たせるために、媒体社へアプローチし、番組内での紹介や雑誌記事での取材によるPR活動を展開。需要を喚起するために、SNSと連動したプレゼントキャンペーンを展開、自社ホームページへの流入を図る。記憶を再喚起するために再度マス媒体での広告のヤマをつくり露出量を増加。購買時点での行動を促すために店頭でのステッカーやポイント増額プロモーションを展開——といった具合です。

　自動車のような耐久消費財や生命保険などサービス財などの高関与製品に関しては、くわしい情報を探すフェーズへの対策としてSEO対策やリスティング広告を施し、検索エンジンでの検索結果での上位表示を狙い対応します。

　また、購買の意思が強くなったとしても、意思決定までにさまざまな基準で評価をするので、検索の結果としてたどり着くホームページで独自価値をうたい、競合他社との違いや顧客の体験レビューで購買前評価の向上を促したり、試乗会やモデルハウス見学時などに説明をしたりして、顧客が抱える課題の解決を促します。

　現実的には、これらの各フェーズを同時進行させることが大半です。全体像を把握し、実施途中で臨機応変に対応し改善していくことが成果の向上につながります。

## ■メディア構築設計時の留意点

　大切なのは、AIDMAを覚えることではなく、顧客心理が動き、購買に至ることまでのプロセスを理解することです。その各フェーズで何をするかを考え、自社プロダクトのカテゴリーや置かれている状況を考慮しながら、メディアを組み合わせればいいかを考えます。

　中小企業の多くは、テレビなどのマス媒体などに資金を投入することが難しいので、到達規模（リーチ）が少なくても同じ特徴を持つ代替媒

体を当てればいいのです。

　チラシだけ、インターネット広告だけなど、単一の媒体のみにすべてを盛り込もうとすると、各フェーズの課題を解決できないことになり、機会損失につながり成果を上げられないことになります。

　大企業と同じことはできませんが、認知させ興味を持たせ、欲しいと思ってもらうという考え方とプロセスは同じなので、組合せを意識するようにしましょう。

**Point** **広告単体で考えず全体像を把握する**―――――――――――
□ AIDMA で顧客の心の動きに応じてやるべきことを実行していく
□ 顧客心理に沿っているかを常に意識し、機会損失を最小化する

統合型マーケティング・コミュニケーション

# どのメディアを使えばいいのか わからない

メディアは単体では機能しません。複数のメディアを効果的に組み合わせる「**クロスメディア**」で相乗効果を狙います。

単純に複数のメディアで同時に発信するだけでは、ターゲット層に到達できても、行動を促し購買につなげることは難しくなってきています。メディアの細分化を受けて、企業としてそれぞれの特徴を把握し、効果的に組み合わせていくことが重要です。

また、顧客は企業が思っているほど企業のことを知りませんし、簡単には企業を知る努力もしてくれません。したがって、異なるメディアで違うメッセージを発信しても、それらが同一のプロダクトからの発信だと認識してもらえないのです。ここで紹介する**統合型マーケティング・コミュニケーション**（IMC = Integrated Marketing Communication）のコンセプトは、統一感のあるメッセージを複合的なメディアで発信することです。

企業のメッセージを、想定顧客層または顧客に届けてくれるメディアには、数多くの種類があります。やみくもに覚えようとしても無理があるので、まずいくつかのカテゴリーごとにメディアの種類を説明します。各特徴をふまえて、それぞれのメディアをどう組み合わせて効果を出すのか学んでください。

ここでは、媒体の種類、物理的な特徴、効果としての特徴を理解しましょう。

## ■統合型マーケティング・コミュニケーション

IMCとは、「顧客（想定顧客層）とのコミュニケーションを統合する」という考え方です。

• 顧客へのメッセージに統一感を持たせる

同じ表現やイメージにし、各媒体でメッセージに一貫性を持たせる
- 統一感のあるメッセージを適切な媒体を組み合わせて、ターゲットに届ける
- プラットフォーム（土台）を構築する

という考え方です。

常に同じメッセージを焼き印のように、ターゲット層の心の中に植えつけることで、プロダクトの認識度とイメージを高めます。またターゲットが見ている媒体を効率的・効果的に組み合わせることによって、到達度を上げ浸透させていきます。この組合せで、プロダクトが持つ意味をターゲットに認識させていくのです。

### ■統合型マーケティング・コミュニケーションの事例

IMCに関して、アメリカで展開した「名古屋メシフェア」での事例で説明します。

日系食品スーパーマーケットでの週末限定のイベントで、名古屋から数社が渡米し、店頭で実演販売を実施しました。午後2時前に「完売」する店もあり、店の外まで大行列ができる人気ぶりでした。

このイベントのPRでは各種媒体をできるかぎり効果的に組み合わせることを心がけました。その中でも、最も効果があったと思われるのが、現地の新聞「ロサンゼルス・タイムズ」で紹介されたことでした。地元ロサンゼルスでは、もちろん最大級の新聞で、全国紙がほとんどないアメリカでは、電子版も含めると地元の大半の人が読んでいるといってもいいくらいの新聞です。もうひとつ効果的だったのが、全米でもかなり影響力のあるグルメサイトで紹介されたことです。この2つのメディアによって、地元のアメリカ人に周知されました。

一方で、広告は、現地の日本人向けに店頭での告知チラシの配付、SNSの活用、そして現地での日本語メディアでの広告掲出を中心に行いました。

これらの告知が功を奏した理由は、各種メディアの組合せによる「相乗効果」に尽きます。メディアは単体で使っても意味をなさず、組み合

わせてこそ効果を発揮するということです。

このように「統合型マーケティング・コミュニケーション」の目的は、「相乗効果」を出すことです。

人は、見たり知ったりしても「すぐに」ものを買わず、何度もその商品の広告や口コミに触れて初めて買う気が起きるので、何度も目に触れさせる必要があります。その際に、ネットや新聞、SNSにできるだけ多く掲出されるほうが、買う気を高める確率は上がります。

もうひとつの目的は、広告を見る「接触」の機会損失を減らすことにあります。今回の事例でいえば、店頭での告知チラシを見逃しても、「ロサンゼルス・タイムズ」やグルメサイトで触れてもらえばいいし、ラジオを聞いてもらえば、検索する気にもなります。

この点でも、メディアを組み合わせて相乗効果を出すことが重要なのです。

## ■メディア・ニュートラル

メディア・ニュートラルとは、数多くあるメディアの中から媒体選択をする際に、「中立（ニュートラル）」な立場・視点を持ち、最大限の効果を得ようという意味です。自社プロダクトの価値に共感することで、ターゲットは購買行動に移ります。

したがって、メッセージを運ぶ媒体は、「顧客が見ている可能性が高い」もの、すなわち、顧客行動を予測したうえで、時間軸や行動範囲に沿った媒体を選択するというステップになります。

## ■トリプル・メディア

メディア・ニュートラルの立場に立ったうえで媒体選択をする際に、もう一点考えるべきなのが「媒体の種類と特性」です。媒体のカテゴリーは数多くあり、「マス媒体と販売接点での媒体」「接触時間の長短によるカテゴリー分け」などが挙げられます。

最近出てきた考え方に「**トリプル・メディア**」というコンセプトがあります。媒体を以下の3種類にカテゴリー分けする考え方です。

| | 目的 | 種類 | 長所 | 短所 |
|---|---|---|---|---|
| **ペイドメディア**<br>**広告** | 告知 | テレビ<br>・CM | コントロール<br>可能 | レスポンス<br>低下傾向 |
| **オウンドメディア**<br>**自社** | 関係 | ホーム<br>ページ | コスト効率がよく<br>タイミングを<br>選ばない | 成長に投資と<br>時間がかかる |
| **アーンドメディア**<br>**信頼** | 拡散 | SNS | 信頼される | コントロール<br>不可 |

トリプルメディア

①購入する媒体（**ペイドメディア**：Paid Media）＝広告
②自社媒体（**オウンドメディア**：Owned Media）＝自社が所有しているホームページ
③信頼を得る媒体（**アーンドメディア**：Earned Media）＝消費者が発信するソーシャルメディアが代表的です

それぞれ、長所と短所があり上の一覧のような特徴があるので、コミュニケーション戦略を組む際に参考にしてください。

これらの考え方は、主に大企業がマス媒体、データベースマーケティング、広報活動をクロスメディアする際に活用しますが、中小企業も基本的な考え方は同じです。

媒体費が比較的安価で、効果測定が可能なインターネット媒体も、上記の考え方をもとに組み立てていきます。

たとえば、ホームページのような自社媒体は「媒体費」がかからない分、成長させるのに時間がかかります。したがって、リッチなコンテンツを投稿できるYouTubeや流動性の高いツイッターを自社サイトへの流入経路とし、フェイスブックなどで口コミができる場所を提供する、といった具合です。

中小・中堅企業や個人事業主の場合でも、マーケティングの基礎にな

る考え方は大企業のケースと同じなのです。

## ■媒体の種類：オフラインメディアとオンラインメディア

　広告媒体は、伝統的な４大メディアと呼ばれるテレビ、ラジオ、新聞、雑誌に代表されるリアルな媒体を使うメディアと、インターネットを使うWebメディアに分類されます。ここではリアルな媒体を「**オフラインメディア**」と呼ぶのに対し、インターネットを「**オンラインメディア**」と呼びます。

　オフラインメディアには、サブカテゴリーがあり、
- テレビやラジオなどの電波媒体
- 新聞や雑誌などの紙媒体
- ビルボードや電車の中吊りなどの屋外広告媒体
- 新聞折込チラシやDM、カタログなどの印刷媒体
- リアルな店舗や店内での陳列や装飾
- 営業員や販売促進人員などの人媒体

　に分類されます。

　オンラインメディアは、
- ホームページ
- ツイッターやフェイスブックなどのソーシャルメディア
- ブログ・メールマガジン
- 検索エンジンでの広告

　などに分類されます。

## ■媒体の特徴を知ること

　媒体の種類が理解できたら、媒体を効果的に使うために各媒体の特徴を把握します。各メディアをマーケティング活動でのコミュニケーションで使用する際に知っておくべき、それぞれのメディアの長短所や特性をまとめました（右ページ図参照）。特に下図の中の特性は、到達する量と範囲で区分しています。不特定大多数に届くオフラインメディアを「**マスメディア**」、複数のセグメントにある程度限定できるメディアを"階

## 主要媒体の長短所

|  | 長所 | 短所 |
|---|---|---|
| テレビ | インパクト、到達力 | 15秒、媒体額高い |
| ラジオ | 絞れる、コスト効率 | 20秒、音のみ |
| 新聞 | 信頼度、到達力 | テキスト（文字）中心、短命 |
| 雑誌 | 絞れる、高画質 | 低コスト効率 |
| 屋外広告 | 頻度高い、コスト効率 | 地域制限 |
| ネット | 低コスト、拡散 | 制限が多い |

## メディア別媒体特性

|  | 内容 | 特性 | 媒体費 | 種別 | コンテンツ | 時間 |
|---|---|---|---|---|---|---|
| オフライン | テレビ | マスメディア | 大 | 広告アーンド | リッチ | 短 |
| オフライン | ラジオ | マスメディア | 中 | 広告アーンド | 音声のみ | 短 |
| オフライン | 新聞 | マス・クラス中間 | 中 | 広告アーンド | 文字・画像 | 長 |
| オフライン | 雑誌 | クラスメディア | 中 | 広告アーンド | 文字・画像 | 長 |
| オフライン | 屋外広告 | マスメディア | 中 | 広告 | 文字・画像 | 短 |
| オフライン | カタログ | 購買接点 | 小 | 自社 | 文字・画像 | 長 |
| オンライン | メルマガ | 自社発信 | 中 | 自社 | 文字中心 | 長 |
| オンライン | HP | 高信頼度 | 中 | 自社 | リッチ | 中 |
| オンライン | ブログ | 高自由度 | 小 | 広告アーンド | リッチ | 長 |
| オンライン | SNS | 高信頼度 | 小〜中 | アーンド | 中間 | 中 |
| オンライン | YouTube | 検索・高信頼度 | 小〜中 | 広告アーンド | リッチ | 中 |

※SNS投稿ではなく広告を出稿した場合

級"という意味で「**クラスメディア**」、店頭のポスターなど売りの現場で使うものを「**購買接点**」と分けています。それぞれの媒体の長所と短所を理解し、自社プロダクトの戦略上どう組み合わせるかを考えることが必要です。マーケティング活動で重要なターゲット層が各媒体に接触する時間も長中短の3段階に分けています（149ページ下図）。

## ■ストック型とフロー型

　自社プロダクトについてのメッセージを届けるときに、メディアによって、蓄積されるストック型なのか、瞬間的に流れていってしまうフロー型なのかを把握しておく必要があります。

　**ストック型メディア**はターゲット層が必要とする情報として探されてたどり着くメディアなので、自社製品のよさや相違点をわかってもらうのに有効です。

　**フロー型メディア**は、テレビCMのように、インパクトを与えることができる反面、蓄積されづらいという難点があります。

　特にインターネット上のメディアでは検索で上位表示されることで、ビジネスチャンスができるため、検索上位を保つためにもストックされることが重要になります。基本的には右ページ図のように分類されるので、自社プロダクトの必要性に応じて組み合わせることが肝要です。

## ■広告の想定対象者が見る時間

　次に重要なカテゴリーが、広告の想定対象者がそのメディアに費やす時間です。通り過ぎる時間と考えることもできます。新聞や雑誌のようにじっくりと中身を読む媒体を「**ローパス**」、屋外看板のように一瞬で通り過ぎる媒体を「**ハイパス**」と分けています（右ページ図・縦軸）。

　自社プロダクトの中身をしっかりと伝えることができるローパスのメディアは、自社プロダクトの機能的な特徴やデザインの秀逸さを伝えるのに向いています。一方、15秒単位のテレビCMや20秒単位のラジオCM、1秒にも満たない屋外広告は複雑な内容を伝えることができないので、映像や音声でのインパクトを与え、また頻度多く露出することで、

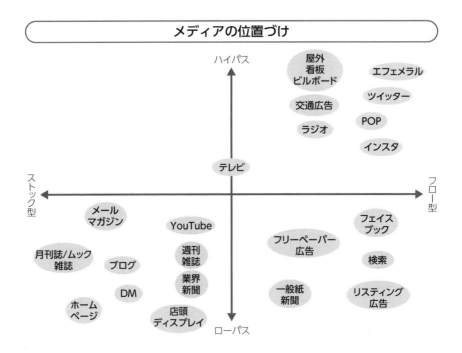

## メディアの位置づけ

(図中のラベル)

ハイパス

屋外看板ビルボード　エフェメラル
交通広告　ツイッター
ラジオ　POP
インスタ

ストック型　　テレビ　　フロー型

メールマガジン　YouTube　　フェイスブック
月刊誌/ムック雑誌　ブログ　週刊雑誌　フリーペーパー広告　検索
DM　業界新聞　一般紙新聞　リスティング広告
ホームページ　店頭ディスプレイ

ローパス

脳裡に刷り込ませ覚えてもらうことが必要になります。

## ■媒体の選び方

　以上のような点に留意して、顧客コミュニケーションの効果を最大化させるよう媒体を選択していきます。数多くの媒体がある中で、どうやって自社に最適なものを選べばいいのでしょうか?

　広告媒体の価値(媒体費)は基本的に「量と質」で決まります。「量(人々が接する数)」が多いほど、価値は高くなり、「質(どんな人たちが接しているか)」が明確な場合も価値が高くもなります。この中で、最も適切な媒体に広告を出し、取材をしてもらいPRすることで、より効率的にターゲット層に見てもらえるようにしていきます。

　投資対効果を最大にするには、効率的に想定顧客に到達できる媒体を選ぶ必要があります。当然のことながら、想定顧客が見ていない媒体に出しても効果を得る確率が減るからです。まず媒体案開発の段階で、顧

客がどんな行動をして、何を見ているのかを予測し、そこから見ている確率が高い媒体を選ぶ、というステップになります。

　顧客のライフスタイルを想像し、いつどこでどんなことをしているかを考えてみるのです。先ほどの低燃費のクルマのCMの例（133ページ）であれば、小さい子どもが2人くらいいる、家族が大事で家計を節約したいと思っているアラフォーの専業主婦の毎日の生活を想像していきます。朝起きて、夫と子どもたちを送り出し、昼食まで「スッキリ」をテレビで見て、ママ友とランチに出かける。夕食の支度までは好きな雑誌の「レタスクラブ」を読み、夕食を終え、子どもたちが寝静まった後にはLINEでまたママ友とやりとりをして自分が寝る前にインターネットの懸賞サイトに応募する、といった具合です。

　このような女性をターゲットにする場合には、
• 「スッキリ」のような主婦が見るテレビ番組にCM
• ファッション雑誌よりも「レタスクラブ」「オレンジページ」に広告
• ママ友が集まりそうなカフェにポスター
• LINEや懸賞サイトへのネット広告
　といったように媒体を選んでいくわけです。


## ■具体的にどう行動すればよいのか？

　ターゲット層の価値観や、ライフスタイルや行動を予測するひとつの手段は、想定顧客になりきって「疑似体験」をすることです。プロダクトを買っていただく顧客行動を現地現物で体験することが重要なのです（第3章参照）。

　顧客との良好な関係をつくり出すためには、顧客のことを考えてみることから始めてほしいと思います。


**Point** 統合型マーケティング・コミュニケーションを機能させる──
□ 多くの種類のメディアの特徴を把握し、組合せによる相乗効果を狙う
□ メディアに関するフレームワークを理解する
□ 想定顧客に接触できる可能性が高いメディアを効果的に組み合わせる

## ISSUE 5-6

インターネット活用

# インターネットを媒体として効率的に使いたい

　現在、インターネット上で発信側と受信側の双方向のコミュニケーションが当たり前になり、環境は日々刻々と変化しています。「インターネットを使ってどう売るか?」を考える前に、ここ数年で起こっているマーケティングの環境変化を正しく把握することが必要です。

　投資対効果を最大化するために、インターネットを「メディア」としてどう活用していくとよいかを説明していきます。

### ■インターネットによって何が変わったか?

　以前は、生活者が媒体で発言すること、たとえば「テレビ出演」「雑誌掲載」といったことは容易ではありませんでした。しかし現在では、フェイスブック、ツイッター、LINEなどのソーシャルメディアを使えば誰でも投稿・発言ができるようになり、さらにその発言に返信やコメントが容易にもらえるようになりました。

　たとえフォロワーが少なくても共感されると拡散につながったり、逆に反感を持たれると炎上することも周知のとおりです。マーケティングを仕掛ける企業サイドにとっても、一般消費者の声(発信力)を無視することはおろか、軽視することさえできなくなっているです。

　Webの進化によって、マーケティング活動で重要な販売チャネルも大きく変わりました。アマゾンに代表されるEC(電子商取引)の台頭です。2016年の日本のB to CのECの市場規模は15兆1358億円で対前年9.9%増、うち物流部門のEC化率は5.43%で、2010年の2.84%から倍近く伸びています(平成29年4月 経産省「平成28年度電子商取引に関する市場調査」より)。

　書籍の購入でいえば、リアル書店からアマゾン、楽天市場などでの購

入が増えていることがこの事実を如実に表わしています。

　ITの進化にともない、メディアも進化し同時に変化もしています。まず、メディアの数が増えて、その種類も多様化・細分化しています。顧客からの視点で考えてみると、いままで見ていたテレビや毎日読んでいた新聞のようなマスメディアに接触する時間が減り、インターネットの情報に接触する時間が増えています。地下鉄に乗ると、乗客は新聞や雑誌を読んでいる人が減り、スマホをいじっている人が大半、という光景を目の当たりにします。

　このような変化をふまえて、マーケティングを仕掛ける側も、インターネットの活用を始めとするメディアの多様化・細分化に対応しなければなりません。

　インターネットを媒体として使う場合には、新しいサービスが続々と出てくること、そのサービスをユーザーがどう使っているかをふまえて活用することです。テレビなどの伝統的なメディアと比べて、媒体費（広告費）がかからないことを理由に安易に飛びつく前に、各メディアの特性を把握することが肝要です。

## ■動画はどのようなビジネスに適しているのか？

　ホームページ、ソーシャルメディアの特性は先述したので、ここでは新しいWebサービスが毎日のように登場する中、中小企業にとって注目したいYouTubeを始めとする「動画」投稿サイトについて考えてみます。

　動画をマーケティング活動につなげるにはどうすればよいのか、収益に結びつく動画活用について「メッセージ（コンテンツ）」と、「メディア（媒体）」の2つの側面から解説します。

　インターネットの世界では、「コンテンツ・イズ・キング（Contents is KING）」といわれます。ユーザーから見ると、インターネットは「自分が欲しい情報を能動的に入手するメディア」です。ネットのコンテンツ（内容）がユーザーの欲求とマッチしなければ、すぐに別のサイトへ逃げられてしまいますし、共有・拡散にもつながりません。

動画は、言葉、音楽、音、動きなどさまざまな要素を同時に盛り込むことができるので、文字だけで伝えるよりも多くの情報を、リッチな（多くの豊富な）コンテンツでユーザーに提供できます。したがって、見る側からすると、音声と画像でイメージがしやすいため一気に親近感がわくのです。したがって、動きで独自性を表現できるプロダクトの場合に、効果を期待できるメディアといえます。

　動画は無形のサービスを扱う事業（たとえば美容系サロン経営、各種士業など）が独自価値を顧客候補に示すときにも有効です。こうした仕事は人と人が接するものであるため、動画で「動く自分」を見せると自社・自分の個性や特徴がはっきりと伝わるでしょう。

　たとえば「初めてのエステサロンに行こう」としている顧客の立場に立って考えてみると、2時間も一緒にいるエステティシャンがどんな人だかわからないことに不安を感じる人も少なくないでしょう。顔をしっかりと出して、肉声で話しかけてくれる動画を見れば、その人となりが相手に伝わり、動画を見る顧客候補も安心して依頼する気になります。

　その次の段階としては、"お客様の声"、アマゾンや楽天でいうところのカスタマーレビューを伝えるのにも動画は適しています。ECサイトでレビューを参考に物を買うのは、人は中立な立場の第三者が言っていることを信頼するからです。逆にいうと、プロダクトの売り手自身の言葉を信頼する人は少ないのです。

### ■メディアとしての動画

　YouTubeでは、動画というリッチなコンテンツを、基本的に媒体費が不要なネットメディアに載せて届けることができます。YouTubeは、機能も豊富で、グーグルが運営しているため検索との相性もよく、マーケティング・コミュニケーションにおいて注目すべき重要なメディアといえます。

　ここでも重要な点は「動画だけでビジネスを完結させようとしない」ことです。先述したようにメディアは組み合わせることで相乗効果を出して初めて、収益や成果につながるのです。経営資源は限られていてテ

レビやラジオなどマス媒体をふんだんに使えない中小企業も、テレビと同じリッチなコンテンツを「動画」で使うことはできます。

　しかし、自社の動画サイトまでユーザーを引っ張ってくる集客が大変です。また仮に動画を見てもらっても「その場で購入」ということはめったにありません。したがって、自社の主要メディア（サービスへの問合せや商品の販売窓口の場合はホームページ）に良質なアクセスを集めることが重要です。良質なアクセスとは、「自社に関心を持ってもらい理解してもらった」うえでのアクセスのことです。これが収益を好転させられるカギになるのです。


　大企業も中小企業にとっても、すべてのメディアで統一したメッセージを使いメディアを組み合わせるIMCの考え方で媒体を構成するという本質は同じなのです。

　動画を活用し、自社のマーケティング活動に加えることで収益好転を目指すためのステップは、

① 自社独自の強み・顧客価値（USP = Unique Selling Proposition）を明確にする

② USPが響く顧客層（ターゲット像）を明確にする

③ シナリオを策定する

④ 動画を撮影・編集する

⑤ 主要メディアを設定する

⑥ YouTubeなどの動画サイトから、ホームページへの導線を貼り、より深く説明する。または、ブログへのリンクを貼り自分の人柄や社風を知ってもらう、メルマガなど自社メディアに登録させる一工夫を入れるなど

⑦ 　YouTubeへの導線をつくる：名刺や会社案内、チラシなどにQRコードや検索窓を入れる、ブログ、フェイスブック、ツイッター、メルマガなどで告知する、ホームページにも露出する

　など複合的に「ループ」をつくるように組み合わせて相乗効果を出します。

自社のメディア戦略を明確にし、投資対効果も視野に入れて活用できれば、動画を始めとするインターネットは実務担当者にとって強い味方になりうるのです。

## ■アクセス数を伸ばすよりも重要なこと

　「インターネットをマーケティングに活用する際に、重要なことは何でしょうか？」と聞くと、「アクセス数（PV）、『いいね！』の数を稼ぐことですよね」と答える方も多くいます。自社サイトへのアクセスがなければ売上につながらないので、良質なアクセスを多く集めることはもちろん重要です。同様に、クリック数やクリック率（CTR＝Click Through Rate）、カッコいいデザインが大事なのも事実でしょう。

　しかし、最も大事なことは、「コンバージョン」と呼ばれる転換数を稼ぐことです。ECでいえば買い物カゴに入れて買ってもらうことですし、私のようなコンサルタントであれば問合せをもらうことです。つまり、いかに多くの**行動喚起（CTA＝Call To Action）**にたどり着くか、に尽きるのです。

　CTA目標の達成のためには表示回数、クリック数、クリック率、アクセス数、セッション数（訪問回数）、訪問者数を向上させることになります。

　ホームページのクリック数やデザインのよさは、手段であって目的ではありません。クリック数（率）がいくら増えても、売れなければ意味がないのです。そのために重要なことは「機会損失を減らす」こと。サイトへの訪問者がこちら側の目的地であるCTAにたどり着く前に逃げないようにすることです。それがアクセス数を稼ぐのと同じかそれ以上に重要だと、私は古巣アマゾンで徹底的に学びました。

　そのためには、自社サイトのトップページの表現は、顧客価値を打ち出していること、その顧客価値は「機能的価値」よりも「情緒的価値」であること、そしてメッセージは顧客目線であることの３つが重要になります。

　これらを重視する意味は、訪問者とこちら側の「距離感」を縮めるた

めです。ブランドを構築する際に必要なブランドとの関係性を強化することにもつながります。

　わかりやすくいえば、「あ、私のこと言ってる」「おっ、ちょうど俺の欲しいものじゃん」と思わせることにあるのです。

　昨今は、インターネットを活用するマーケティングとして、SEO対策やSNSの活用など、新しい手法が数多く出てきています。しかし、忘れてはいけないのは、「目標は売上であって、アクセス数や『いいね！』の数ではない」ということなのです。

### Point インターネットを有効活用する

□変化の速いインターネットメディアの動向と、ユーザーの使い方を把握する

□ほかのメディア同様、複数を組み合わせて相乗効果を狙う

□アクセス数（PV）、「いいね！」の数、デザインのよさはあくまで手段。目的達成を念頭に置いて活用する

# 広告費にいくらかければいいのか
# わからない

広告予算をいくらかければいいのか。キャンペーンを計画する際に、その投資対効果をどう関係者に説明するのかは実務担当者が最も悩むところです。

広告予算の決定手法とそれぞれの長所短所を理解し、効果を最大限にできる最適な分配手法を学びましょう。

## ■広告予算の決定方法

広告を打つ目的は、自社プロダクトまたは自社そのものの認知度を上げてターゲットに興味を持たせ、独自化ポイントを周知させ、最終的な「売上と利益を最大化」させることにあります。

一方で、ITの進化によりメディアが細分化され、これまでのように単純な広告予算配分では効果を出すことが難しくなってきています。

広告への投資による効果を最大限にすることを目標とし達成するために、広告予算を設定する際の3つのアプローチを理解し、自社プロダクトの目的に合致する手法がどれかを理解しましょう。

## ■主観的分配法

広告の予算枠を自社目線で「主観的」に決定するアプローチです。以下の項目を考慮に入れ算出することが一般的です。

- **自社の実績**：前年までの販売実績、当該年度と将来の販売予測
- **財務状況**：バランスシートと損益計算書からの支出可能額
- **競合状況**：競合各社の広告予算支出額

意思決定が経営者のみでなされることが多い企業で見られる手法です。

長所は、経験値であるところの過去の実績をベースにするため、不確定要素（リスク）を軽くできる点です。

考慮すべき点は、過去の成功体験にとらわれてしまい、新しいチャレンジが排除される可能性があることです。

## ■比率分配法

売上または利益額に対する比率を設定する手法です。期初に一定の比率を設定する場合と、売上または利益の増減に応じて比率を固定せずに変動させる場合があります。

主観的分配法と同様に、過去の経験を活かし反映させる際に、成功事例にとらわれることなく、現状を把握し将来を見据えて決定することが必要です。

また、販売数量や販売単位ごとに広告単価を設定するアプローチもあります。継続して購入される傾向が高いサプリメントや健康食品などの場合、新規顧客獲得あたりのコストである**顧客獲得単価（CPA＝Cost Per Acquisition）**を設定し、見込み顧客獲得数を掛け合わせて予算の上限を決めます。

CPA4000円で50人獲得できると推測できれば20万円の媒体を購入する価値がある、という判断になります。このときに重要なことは、CPAを単体で考えず、長期的な視点での収益目標を設定したうえで、決定することです。

## ■目標（課題）達成法

広告予算を決定する基準として、自社プロダクトが達成すべき目標（KPI）に対する比率を設定するアプローチで、タスク法、ビルドアップ法、売上基準法などとも呼ばれます。

自社プロダクトのマーケティング活動において、認知度向上、イメージ改善、市場シェア拡大、興味醸成、相違点訴求などの各課題を洗い出し、解決のために必要な予算を洗い出し、累積していく手法です。

論理的に整合性があるアプローチといえますが、一方で各課題の必要

性を正しく把握すること、その根拠を明確にすることが重要です。それ
ぞれの正当性を証明するために、市場シェアやリサーチ結果などのデー
タを収集、分析する手間がかかることも事実です。

　主観的分配法と比率分配法がともに、広告予算の大枠を決めてから分
配比率を決めるのに対し、目標達成法は必要な項目を積み上げるという
アプローチになります。

### Point　広告費用設定には3つの考え方がある

□広告費用設定の手法（主観的分配法、比率分配法、目標達成法）があ
　ることを理解し、自社プロダクトの状況をふまえ設定する

□キャンペーンの収益を測定する際に重要な広告予算について、フレー
　ムワークを理解したうえで、自社と自社プロダクトの現在の状況を考
　慮し、最適なものを活用して算出する

# ISSUE 5-8 提案された広告費が高いのか 安いのか判断できない

　広告媒体を購入する際には、投資対効果を検討しますが、その媒体が妥当かどうかという判断は難しいものです。判断の基準になる物差しとしての指標を理解し、照らし合わせることで、できるかぎり正確な意思決定ができるようになりましょう。

## ■指標を持つことの重要性

　媒体費は1回の露出に換算した場合にかかる費用を絶対値として、大中小の3段階に分けています（右ページ図参照）。媒体費は一般的に、到達できる量にともない価格も上がります。

　絶対値だけでは投資対効果が測りづらくなるため、到達1000人当たりの費用を出し、媒体ごとの効果を測る指標にします。1000人に到達するための広告費という意味でCost Per Mille（Thousand）の**CPM**と呼びます。ここでも高中低の3段階に分けています。

　テレビCMの場合では、視聴回数の累計をフリークエンシーと呼ばれる平均視聴頻度で割って算出する**GRP**（Gross Rating Point, 延べ視聴率）が、リーチと呼ばれる到達する人数になります。

　したがって、総出稿金額をリーチで割り、1人あたりのコストを出し1000をかけたものがCPMとなります。インターネット広告では、1000回表示されるごとにいくらかかるかがCPMとなります。

　たとえば、N新聞の全国版は225万部で媒体費が100万円、A新聞全国版が600万部で150万円という同じ大きさの新聞広告の出稿を検討するとします。この場合、CPMを計算すると、

- N新聞のCPM = 100万円 ÷ 225万部 × 1000 = 444円
- A新聞のCPM = 150万円 ÷ 600万部 × 1000 = 250円

と算出できます。

## メディア別媒体特性（再掲）

| | 内容 | 特性 | 媒体費 | 種別 | コンテンツ | 時間 |
|---|---|---|---|---|---|---|
| オフライン | テレビ | マスメディア | 大 | 広告アーンド | リッチ | 短 |
| オフライン | ラジオ | マスメディア | 中 | 広告アーンド | 音声のみ | 短 |
| オフライン | 新聞 | マス・クラス中間 | 中 | 広告アーンド | 文字・画像 | 長 |
| オフライン | 雑誌 | クラスメディア | 中 | 広告アーンド | 文字・画像 | 長 |
| オフライン | 屋外広告 | マスメディア | 中 | 広告 | 文字・画像 | 短 |
| オフライン | カタログ | 購買接点 | 小 | 自社 | 文字・画像 | 長 |
| オンライン | メルマガ | 自社発信 | 中 | 自社 | 文字中心 | 長 |
| オンライン | HP | 高信頼度 | 中 | 自社 | リッチ | 中 |
| オンライン | ブログ | 高自由度 | 小 | 広告アーンド | リッチ | 長 |
| オンライン | SNS | 高信頼度 | 小〜中 | アーンド | 中間 | 中 |
| オンライン | YouTube | 検索・高信頼度 | 小〜中 | 広告アーンド | リッチ | 中 |

※SNS投稿ではなく広告を出稿した場合

　同じ新聞という媒体でも、購読者層に違いがあるので一概に比較はできませんが、このケースでは媒体額はA新聞のほうが高いが、発行部数が多いこともあり、到達可能数と1000人当たりのコストは割安になる、という判断基準の材料になります。

　ここで重要なことは、CPMという指標を持つことが重要だと認識すること、しかしその数値だけに頼り切らないということです。さらに経験値や感覚的な要素も考慮すべきです。

### Point　媒体費の妥当性を判断する

□ここでも媒体単体で考えず目的に沿っているか、ほかの媒体との相乗効果はあるか、を考慮する

□CPMを把握し、費用対効果の物差しを持つ

□数字だけでなく、感覚や経験値も加味する

# ISSUE 5-9 効果的な媒体の組合せが わからない

　媒体を組み合わせることが重要だと理解し、さらに各媒体の特徴を把握したら、次は組み合わせる方法を考えます。基本概念はシンプルで、想定顧客層が、「知る、買う、また買う」というサイクルで自社プロダクトを買い続けてもらえるようにすることです。

　生活者がニーズに気づき、購買に至るまでの意思決定プロセスには、AIDMAを始めとする一定の法則があります。その各段階で自社プロダクトがすべき目的を解決するのに最適な媒体を組み合わせましょう。

## ■マーケティング・コミュニケーションの目的

　自社プロダクトの想定顧客層は自社プロダクトのことをよく知りません。一方で、企業側には、「顧客は知っているはずだ」「興味を持っているだろう」という思い込みがあります。ここに、マーケティングを仕掛ける企業と顧客層との間にギャップが生じています。

　企業側の思い込みは間違いであるという前提に立ってマーケティング活動をしていく必要があります。

　マーケティング・コミュニケーションの目的は、想定顧客層を動かすことにあります。したがって、生活者の購買に至るまでの各段階でそのギャップを埋めることで、顧客行動を促していくことになります。

　生活者は、自分自身のニーズや抱える問題点を認識してから、複数の段階を経て購買に至ります。その各段階に応じて、自社プロダクトがすべき目標を設定し、達成のために最適な媒体を組み合わせ、想定顧客層の行動を促したいところです。

　想定顧客層の心の動きと、その背景の心理状態、各段階においてマーケティング側が目指すべき目的、目的達成のために最適なメディアを一覧にしました（右ページ図参照）。

## 顧客心理の流れとやるべきこと

| | 購買決定プロセス | 生活者の段階 | 顧客の心理状態 | コミュニケーション上の目標 | 適切なメディア |
|---|---|---|---|---|---|
| 1 | 知る Attention | 認知 | **知らない** | プロダクト周知 | リアル媒体での広告PR |
| 2 | 興味 Interest | 感情 | 知っているけど**興味がない** | 話題醸成・喚起 | 雑誌・新聞広告など印刷媒体 |
| 3 | 欲する Desire | | 興味あるけど**欲しくない** | 顧客価値周知差異化点 | 自社媒体パンフレットホームページ |
| 4 | 覚える Memory | | 欲しいことを**忘れている** | ニーズ再喚起 | リアル媒体での広告CRM |
| 6 | 探す | 行動 | どれを買えばいいのかわからない買うかどうか迷っている | 検索対応詳細情報の提供 | SEO対策ホームページ |
| 7 | 購買前評価 Pre Evaluation | | 直前まで買うべきか迷っている | 動機づけ特典のオファー | 店頭での販売促進営業努力 |
| 8 | 買う Action | | 動機はあるが**買う機会がない** | 機会提供 | 販路・チャネルの確保買いやすさの提供 |
| 9 | 共有・口コミ Share | | 使ってみたら**よかった残念だった** | 口コミの場を提供 | SNS、口コミサイト |

まず、ニーズに気づいた想定顧客層に対しては、自社プロダクトのことを知らないので存在を「教えてあげる」ことが目的になります。この段階では、自社プロダクトの優位性や詳細なスペックよりも先に、当該カテゴリーでまずはプロダクト名を認知させることを最優先にします。

　したがって、最適な広告を選択する際には、想定対象者に効率よく到達できるテレビやラジオ、新聞、雑誌の４大マス媒体に露出し、覚えてもらえる頻度まで掲出することが肝要です。サポートできるメディアとして屋外広告も有効です。

　この段階での広告表現は一度に多くのことを伝えようとせず、シンプルにプロダクト名を強調する戦略が有効です。したがって、ハイパスのメディアを使い、到達数と頻度を資源内で最大化することを目指します。

　インターネット上のメディアに関しては、自社プロダクトのホームページは当然用意しておきます。くわえて、ツイッターやインスタグラムなど、ハイパスでフロー型のメディアへの投稿で、話題を醸成して連動させることも効果的です。

　広告費に制限がある中小企業の場合でも目的は同じです。マス媒体より絶対額を抑えられ、マス媒体と同じ性質を持った新聞折込チラシや地域へのポスティング、看板や交通広告など屋外広告などへの露出を図ればよいでしょう。

　第２段階の目的は、知っているけど、興味がない想定対象者に興味を持たせることです。この段階では、自社プロダクトの価値をくわしく伝えられる媒体を選びます。新聞、雑誌などの印刷媒体やホームページなどのローパスで自社プロダクトの概要と特徴を伝えられるメディアが向いています。

　興味を持ち始め、より深く知りたいと感じ始めた想定顧客層はネット上で検索をするので、この段階までにグーグルなどの検索結果で上位表示をされるように、検索エンジンでの最適化（SEO = Search Engine Optimization）をしたり、リスティング広告と呼ばれる検索結果との連動広告を組み合わせます。

第3段階の目的は、興味を持ち始めた想定対象者に「欲しい」と思わせるため、相違点を訴求することです。この段階では、検索上位であることも重要なので、ローパスでストック型のメディアであるホームページやブログ、YouTubeなどのメディアで他社との違いを訴求します。オフラインでも、新聞、雑誌、フリーペーパーやチラシなど内容をしっかり読んでもらえるローパスのメディアを中心に他社との違いを訴求します。

　第4段階の目的は、欲しいと思っていても忘れている想定顧客層に覚えさせる、または思い出させることです。自社プロダクトの販売場所への流入を最大の目的とします。第1段階で候補としたメディアを中心に、再度自社プロダクトの存在を訴求するメディアの山をつくります。
　この段階では同時に購買直前での評価をするので、情緒的と機能的の両方の顧客価値を訴求することが重要です。

　ここまで一連の流れで自社プロダクトを購入できるリアル店舗やWebサイトに想定顧客層を流入させる行動を促します。

　第5段階は、購入しようと店頭やホームページにたどり着いた想定顧客層が購買前に迷っている段階です。ここでは他社に流れないように購買接点で「買うメリット」を訴求できる販促物（POPなど）や、営業努力が必要になります。

　第6段階として、一度購入してくれた顧客層に、再購入を促すこと、また自社プロダクトのファンになってもらいロイヤルティを高めることを目的とします。顧客名簿を活用することで再来店を促すDMやニュースレター、メールマガジンやLINE@などでコミュニケーションを図ります。
　同時に、口コミが広がることも大きな目標です。購買者自身が生の声を発信できるようにホームページにフェイスブックページを連動させる

など、口コミの「場」を提供します。

そのために、第5、第6段階で顧客層に購買体験をしてもらい、レビューを書き続けられる場所、すなわちプラットフォームを構築することで、一度購入した顧客に再度購買を促し、継続して購入してもらう仕組みを構築すれば、徐々に第1から第4ステップまでにかかるマーケティング的な努力が少なくて済むため、投資対効果の向上が期待できるのです。

ここに挙げたモデルはあくまでフレームワークです。ここからいかに他社と違うことができるか、それによって目立たせることができるかを考えていきましょう。その意味でここに挙げた以外のメディアを入れ込む、自社プロダクトがすでに認知されている場合には、ステップ1を飛ばすなどの応用ができるのです。

セオリーを知ることは必要ですが、それだけでは十分ではありません。セオリーをふまえたうえで、セオリーから外れることによって雑多な状況の中で目立たせることができるかが重要です。この点は不可逆で、目立たせることのみを考えて実践する行為はリスク（不確定要素）を多く含みます。

### ■ラジオ番組のクロスメディア戦略の事例

広告を構築するうえで、複数の媒体を同時に使い相乗効果を出すことを、**クロスメディア**と呼びます。たとえば、清涼飲料水メーカーが新製品を市場に導入するときに、テレビ、ラジオ、新聞、インターネットの広告を組み合わせてキャンペーンを実施することを指しますが、もう少し広い意味で考えてみましょう。

以前私が準レギュラーとして登場していた、愛知県のFM局ZIP-FMの「モーニングチャージ」という番組に「理央さんに聞いてみよう！」というコーナーがありました。聴取者の方々からも「マーケティング」に関する素朴な疑問、たとえば、「うちの店に集客するにはどうすればいいのか？」「行列ができるようになるには、今何をするべき？」といった質問を、ZIP-FMのホームページで受け付け、ナビゲーターの方の

リードで、私が回答をしていく、というスタイルでした。ホームページから申し込み（エントリー）してもらい、ラジオという電波を使ったマス媒体で回答する、という、いわば媒体をミックスさせる「クロスメディア」の手法です。

　ラジオはこのような「話し手と聞き手」の間での、双方向のコミュニケーションがとれる、いわば、ソーシャルメディアの要素を持っているメディアなのです。

　エントリーしてもらえば、そのお店や企業の名前も放送されるかもしれないので、とてもよいPRにもなりえます。考えてみれば、SNSが普及する何十年も前から、ラジオでは、ハガキを出しDJに読んでもらうとか、電話をつなげることで、DJと話をしながら番組が進む、というような双方向性とリアルタイム性を兼ね備えた、活用のしがいがあるメディアなのです。

　ITが進化した最近でも、電話やハガキに、ネットが代わっただけで、その面白さなどは変わりません。その意味でも、このエントリー方式はこれからのクロスメディア戦略の好事例といえます。

**Point** 広告の目的は想定顧客層を動かすこと ─────────

□AIDMAの各フェーズにおける自社プロダクトの目的を明確にし必要
　な媒体を組み合わせる

□媒体は、単体で考えず複数を組み合わせ、相乗効果を出し、機会損失
　を減らす

# ISSUE 5-10 どこで売ればより売り伸ばせるか わからない

　売上拡大を目指すには、プロダクトをどこで販売すればよいのかという流通チャネル対策にも戦略が必要です。まずは、自社プロダクトがエンドユーザーに届くまでの流れを把握し、各ステップで何をすべきかを理解しましょう。

## ■サプライチェーン

　まずは、自社プロダクトが自社から中間業者を通じて、実際に使うエンドユーザーに届くまでの流れを把握しましょう。プロダクトが、企業からエンドユーザーに届くまで川上から川下への連鎖を「**サプライチェーン**」と呼びます。

　次ページの図は、B to C の製造業における典型的なサプライチェーンを示したものです。清涼飲料水を例にとると、メーカーから、卸問屋に出荷し、卸問屋はコンビニや GMS（大型総合スーパー）、自動販売機ベンダーなどの小売業者に出荷します。店頭に並んだプロダクトを、エンドユーザーである消費者が購入する、という流れです。

　この流れは、業種によって異なるので、自社の業界に関する中間業者と販売業者を棚卸し正確に把握することが必要です。

　卸問屋への仕入れ促進や、小売チェーンなどへの取扱い促進など、対企業に対するアプローチを「**プッシュ戦略**」と呼び、広告宣伝などで話題性を醸成しエンドユーザーを店頭に引き寄せるアプローチを「**プル戦略**」と呼びます。

　これだけの工程数があるため、工程間でのロスを低減したり、また各工程の関連企業との協業を効率化したりすることで、連鎖自体を最適化する活動を「**サプライチェーンマネジメント（SCM）**」と呼びます。

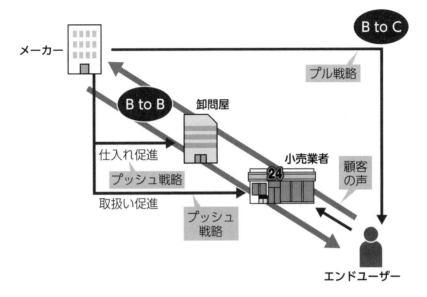

サプライチェーンの流れ

B to C

メーカー

プル戦略

B to B

卸問屋

仕入れ促進

プッシュ戦略

取扱い促進

小売業者

顧客
の声

プッシュ
戦略

エンドユーザー

※"Marketing Communications"（Micael Darlen）をもとに著者作成

SCMによって不要なコストを発見し削減することで、エンドユーザー
への価格を抑え負担を減らす結果につながります。

## ■オムニチャネル

　**オムニチャネル**という考え方があります。オムニとは「すべて」のと
いう意味で、すべてのチャネル（場所）で生活者との接点を持とう、と
いう考え方です。いまではスマホやタブレット端末を使い、場所を選ば
ず情報に接することができ、モノやサービスを購入できます。ほぼ、ど
んなものでも、リアルな店だけではなく、ネットでも買えますし、個人
からも買えます。人がモノを買う、という行動がますます複雑になって
いるという状況が生まれているのです。

　インターネットでの販売に代表されるEC（電子商取引）が一般的に
なるにつれて、小売の業態も大きく変化しています。リアル店舗でも老

舗百貨店の脱百貨店戦略や、コンビニの再編などの変化も活発な動きが見られます。エンドユーザーからすると、これまでよりも「多くの選択肢」の中から販売店を選ぶことができます。

　以前は、20代の女性がターゲットなので都心のコンビニを中心に展開しようという戦略でも通用しましたが、消費者たちが買える場所がより複雑に細分化されているため、単純な戦略では通用しなくなっています。

　したがって、どこで売るか、という自社目線での流通対策ではなく、「自社の想定顧客層が便利に買うことができるのか？」という顧客視点に立ち、顧客が欲しいと感じたときにきちんと買えるようにすることで機会損失をなくす販売店戦略を構築する必要があります。

### ■オムニチャネルの事例

　オムニチャネルの活用成功事例では、有名百貨店がフェイスブックやツイッターといったSNSで来店クーポンを発行しリアル店舗に送客、その際に「フレンド（フォロワー）」になり以降もコミュニケーションを可能にする、自社アプリで購入もできる、といったケースがあります。

　私も、ある書店でPOPのようなカードが置いてあるのを発見しました。それは、ある本の「電子書籍」を買うためのカードで、レジに持っていくと、電子書籍を買うことができる、というものでした。

　通常、電子書籍はリブロやキンドルのような、「電子書籍リーダー」上でネットから「直接」購入をするのが大半ですが、リアルの書店で、レジを通して、「自社のリーダーで読める電子書籍」を買うことができるという、この逆転の発想に驚き、こんな売り方もあるんだ！　と感動すら覚えました。

　これは、お客様にとって非常に便利で、「リアルな本でも電子書籍でも自分が好きなほうを選べる」ことになります。

　リアル書店にとっては、リアルな書籍も買えるし、電子書籍でもいいですよ、という「独自価値」を出せます。生活者がさまざまな販売場所（チャネル）で購入できることを「マルチチャネル」と呼びます。

　本を買うのに、本屋もあればネット書店もある、というのがこれに当

たります。

　ここで重要なのは、「オムニチャネル」が流行っているのでうちの会社でもやらなければ、ということではありません。自社の都合だけから考えた目線でいると、本来のオムニチャネルを活かせる発想はできません。

　「お客様が便利に買えるにはどうすればいいか」という顧客視点に立つことで、初めてこういう発想が出てくるのです。この自社視点から顧客視点への転換こそが、売れるかどうかの分かれ目になるのです。中小企業は、常にお客様の期待を超えるために、視点を変え行動を変容しなければならなりません。リアルよりネット、ネットよりリアル、というのがオムニチャネルの本質ではないのです。顧客の立場に立ち、期待を超えるコトを提供するのが必要なのです。その意味でも、参考にできる事例でした。

**Point**　**流通チャネルは顧客視点で考える**────────────
□販売場所に関しては「どこで売るか」のではなく、「顧客が便利に買
　うことができるのはどこか」を考える
□自社目線ではなく顧客視点での利便性を考える

## ISSUE 5-11

バリューチェーン

# 取扱店舗が
# なかなか増えない

　サプライチェーンにおいては、後工程に行くたびに「付加価値」がつき、最終的なエンドユーザーが購入する価格が形成されます。プロダクトの流通の連鎖と同様に、価値にも連鎖があります。これを、バリューチェーンと呼びます。

　単に物流工程におけるモノの流れとそこへの売り込みを考えるだけではなく、次工程にいかに付加価値をつけられるかを考え抜くと、自社プロダクトの流通先からもその価値を感じて、取扱ってもらえるようになります。

## ■バリューチェーンで考えるべき点

　製造業におけるバリューチェーンの考え方を次ページ図で示しました。

　自動車会社の例でいえば、原材料や部品を調達し、生産し、ディーラーに出荷し、マーケティングの「プル」および営業の「プッシュ」を行い、ユーザーの購入後もアフターケアなどのサービスを行うことで、各フェーズでの付加価値による「マージン」を生み出すという流れになります。この一連の流れを企業の主活動と呼び、一連の流れをサポートするインフラ、人事労務管理、技術開発、調達などを支援活動と呼びます。

　ここで重要なことは、製造業であれば、独自技術で素材を加工し生産するという「価値」をつけ、次工程である流通に回すように、次工程に行くたびに「付加価値」をつけなければならない、というバリューチェーンの本質を理解することです。

　つまり、次工程にいるプレイヤーのニーズを見極め、独自のサービスを提供することで付加価値を出す努力をすべきです。常に次工程の人々に「何ができるのか?」を自身に問いかけ、自社独自の付加価値を生み出す努力をすべきなのです。

| 支援活動 | 管理構造 | | | | | マージン |
|---|---|---|---|---|---|---|
| | 人的支援管理 | | | | | |
| | 技術開発 | | | | | |
| | 調達 | | | | | |
| 主活動 | 購買物流 | 製造 | 出荷物流 | マーケティング営業 | サービス | |

## ■バリューチェーンの事例

　サプライチェーンマネジメントにより効率化が進み、ECが進化するにつれて、中間業者を省き販売店と直接取引をする、または自社が販売できる仕組みを構築する、というような既存のバリューチェーンの構造変化も起こってきます。

　愛知県の医薬品卸売業の天野商事株式会社では、PEST分析（24ページ）を通じて医薬分業、調剤薬局の「かかりつけ薬局化」を進めるという政府方針に、自社の商機を見つけ、調剤薬局のために何ができるか、という課題に取り組みました。

　調剤薬局の主業務は、医院で発行された処方箋にもとづく調剤です。薬局では、事務担当者が受け付け、薬剤師が調剤をするため、これ以外の売上を上げるために時間を割けない、という問題点があります。

　そこで、一般の医薬品（OTC）や基礎化粧品、温泉の素やのど飴など、健康にまつわる商品を陳列できる「お任せ什器」を開発しました。天野商事の営業員が、自社調査で精査した売れ筋商品を厳選して陳列するこ

とで、薬局の従業員の労力を省くことができます。

　毎月の商品の補充に加え、四半期ごとに季節に応じた売れ筋商品の提案、店頭POPを製作し掲出、販売促進の提案などを定期的に行います。さらに、有益な情報を掲載したリーフレットを棚に置くことで、薬局に来店する薬局の顧客にも価値を提供しています。

　このように、PEST分析を通じて市場環境の機会を捉え、バリューチェーンの中で、次工程で価値を生み出すために何ができるかを常に考えていることが、売上増につながります。

### Point 流通のプロセスを常に改善の視点で考える──────────

□原材料の調達からプロダクトがエンドユーザーに届くまでの価値の連鎖（バリューチェーン）を意識する

□次工程にいるプレイヤーのニーズを見極め、独自の付加価値を生み出す努力をする

第 **6** 章

# 「実践マーケティング」 応用編

# ■Introduction

　第5章まで、「誰に（調査・分析・ターゲット設定）、何を（プロダクト開発）、どうやって（コミュニケーション）」という、マーケティング戦略の基本的な流れについて説明してきました。

　具体的には、調査・分析をもとに、自社の独自プロダクトを、想定ターゲットに向けてコミュニケーションをとり、新規顧客を獲得し維持していく流れの中で、自然に売れる仕組みをつくる骨格となる内容をそれぞれ説明してきました。

　実際のマーケティング活動では、これらの基本戦略を高度に組み合わせて、収益好転を目指します。

　第6章では、事業戦略として考えておきたい、いわば応用編となる4つのコンセプトを説明します。

　応用編のコンセプトとして、

- ビジネスモデル：継続して売れる仕組みを構築する
- CRM：顧客との関係性をマネジメントすることでさらなる顧客満足を目指す
- B to Bのマーケティング：対法人にはどのようにマーケティングしていくのか
- ブランド・マネジメント：ブランド構築の重要性とその手法

について解説します。

　本章を通して、ターゲット、プロダクト、コミュニケーションの各戦略を、実際のマーケティング活動と事業戦略にどう応用するかを理解しましょう。

# ISSUE 6-1

ビジネスモデル

# 新規顧客が
# 思うように獲得できない

　市場の激変に対応するために、自社独自の顧客価値を見直し、新規顧客を獲得し維持し続ける「仕組み」であるビジネスモデルを構築することが必須となります。

## ■ビジネスモデルとは？

　古くからあるビジネスモデルで有名なのが、アメリカン・エキスプレスの「トラベラーズチェック」です。

　1800年代後半に海外旅行に出かけたアメリカン・エキスプレスの当時の社長は、ドルの小切手を現地の通貨に替える際に、銀行間をたらい回しにされたことに憤慨し、個人が海外でも使える外国旅行者向けの小切手であるトラベラーズチェックに参入しました。

　ここで着目したいのは、トラベラーズチェックは、想定顧客が感じる不便の解決を出発点としていたことです。結果、使い勝手がよいだけではなく、紛失や盗難にあったときにも損失を補填してくれる安心感と、偽造も難しいという安全性という顧客価値を生み出しました。経営的な観点でいえば、アメリカン・エキスプレスは、顧客から先に現金を得るという良好なキャッシュフローを生み出すことにもなったわけです。

　このように市場環境の変化、顧客の思考・行動をふまえて、顧客価値を見直し、従来の戦略フレームワークの領域を越える新しい収益モデルを構築できれば、企業としてのさらなる成長を見込めます。

　こうした持続的競争優位を保てる収益好転の仕組みのことを**ビジネスモデル**といいます。

## ■代表的なビジネスモデル

　ビジネスモデルには、多くのパターンがありますが、ここでは代表的

で参考になるビジネスモデルを4つ紹介します。

①レーザーブレードモデル

　最初に購入される製品を安価で提供し普及させ、継続購入される製品で収益を上げ続けるモデルです。

　ウェットタイプのひげ剃りメーカーであるジレットは、自社プロダクトのうち顧客が最初に購入するカミソリホルダーを安価で提供し、自社製品を普及させ、以降継続購入される替え刃（レーザーブレード）で利益を上げるビジネスモデルを構築しました。

　エプソンやキヤノンなどプリンターメーカーが、プリンター本体を薄利で提供し、専用インクで収益を上げるモデルや、ネスカフェのアンバサダープログラムでエスプレッソマシンを低価格で提供しカートリッジで収益を上げるモデルもこのパターンです。

　クラウドを利用したモデルでは、アマゾンのキンドル、楽天のコボなどの電子書籍リーダーを普及させたのち、電子書籍を購入してもらう仕組みがあります。

　メリットは、最初の製品を購入してもらえれば、以降利益率の高い継続製品を購入し続けてもらえることです。一方で、デメリットはプリンターの場合などでよく見られる非純正品による正規品の購入機会ロスなどの脅威が発生することと、それに備える必要があることです。

②アンバンドリング

　自社プロダクトのひとまとまりになっていた提供価値を構成する要素を分解し、それぞれを切り売りすることで、価格に敏感な顧客層のニーズに対応するモデルです。

　パソコンとOSなどのソフトウェアをまとめて売る「バンドリング」の逆をいくモデルで、デルコンピュータが当初行ったように、本来セットになっていたパソコンを、本体、モニター、ソフトウェアなどをそれぞれ単体で販売することで、顧客が自分のニーズに合わせ欲しいものだけを購入できるようにしたモデルを指します。

格安航空券で一般的になってきたLCC（格安航空会社）が、ドリンクや映画鑑賞などの機内サービスをやめ、低価格でサービスを提供するモデルや、QBハウスなど理容店で一般的な洗髪やひげ剃りなどの水回りを廃止して、低価格かつ短時間のサービスを提供しているモデルがこれに当たります。

　メリットは、IoTなどの普及で顧客の利便性が高まり、よくも悪くも顧客がわがままになってきている中、「組合せは自由にできる」という顧客ニーズの多様化に対応できることです。また、バンドリングしているサービスと比較して、設備投資は少なくて済みます。一方で、そのために異業種への参入障壁は低くなり、競争状況が激化するスピードが速いので、迅速なシェア獲得が必要になるというデメリットがあります。

### ③プラットフォーム戦略

　プラットフォームは、もともと駅にある電車の「乗り場」を意味する言葉です。それが転じてある規律のもとで売り手と買い手が商取引できる場所をインターネット上に提供することで収益を上げるモデルを指します。

　たとえば、アップル社のiTunesがあります。プラットフォームを提供し、楽曲提供者やアプリ開発業者がプロダクトを提供し、買い手が自分のニーズに応じて購入するというモデルです。アマゾンがアマゾンというインターネット上の店舗で、自社や取引業者がさまざまなプロダクトを販売するモデルや、フェイスブックやインスタグラムのようなSNS、Yahoo!オークションやメルカリなどのC to C（消費者間取引）のサイトも、自社サービス上で顧客どうしが双方向で商取引するプラットフォームといえます。

　メリットは、プラットフォーム上で商取引する顧客どうしが自社とネットワークのつながりで結ばれるため、ロイヤルティが高まり離脱しにくくなることです。また、場所や時間に制限されることなく双方向でコミュニケーションがとれるため、顧客層の「好きなときに、好きなものを買いたい」というわがままなニーズをとらえることもできます。一方、

大規模なプラットフォームを構築しようとすると、多くの場合、多大な設備投資とノウハウなどの経営資源が必要になることがデメリットです。

### ④フリーミアムでの顧客化

　基本となるプロダクトを無償（安価）で提供することを通じて、見込み顧客層を囲い込み、後からより高付加価値のプロダクトを有償で販売する、というビジネスモデルです。参入障壁を低くして、潜在意顧客層を見込み顧客層に転換したうえで、有料顧客層とする、というモデルです。

　「ポケモンGO」のようにスマートフォンのゲームアプリを無償でダウンロードさせ、ある一定以上のステージに行く場合に有料ツールを購入してもらうオンラインゲームや、「食べログ」や「クックパッド」などアプリそのもので閲覧する無償コンテンツに加えて、より価値のあるランキングなどのコンテンツを見たい場合に有料となる事例もフリーミアムのモデルといえます。**フリーミアム**は、無償のフリーと、有償のプレミアムを組み合わせた造語です。

　無償部分のプロダクトが独自価値のある有益なコンテンツでなければ、多くの見込み顧客層を獲得できないため、このモデルは成立しづらくなります。また、当たり前ですが有料部分のコンテンツがさらなる独自性を持ち有益でなければ、有料顧客層の維持が困難になります。ここでもやはり独自価値が重要になります。

## ■広告だけでうまく集客できなかったインテリアデザイン会社

　ここまで代表的なビジネスモデルの事例とそのメリット・デメリットを見てきました。これらの要素をそのまま真似するのではなく、自社をとりまく状況に応じてメリットを取り入れていきましょう。

　具体的には、自社ビジネスのマーケティング関連の要素である、顧客価値、顧客層、コミュニケーション手法を分析し、顧客獲得に何をするか、効率的にできるか、何が足りないか、競争優位に立てる要素は何か、

## リフォーム会社の課題形成

**Before**

広告による集客
（ブログ・雑誌・
新聞折り込み）　→　ショールーム
（説明・営業）　→　成約・施工

問題視：広告による集客がうまくできていない
↓
課題：どうすればショールームに来てもらえるか

**After**

広告による周知
（SNS、ブログなど）　→　イベント開催
集客　→　ショールーム　→　成約・施工

イベントを開催することによって話題を提供し
ショールーム来店のハードルを下げる

を棚卸し、組み立てていきます。

　愛知県一宮市で、新築、リフォームやリノベーションを手がける建築・インテリアデザイン会社、グランジュッテの顧客獲得・維持モデルを紹介します。

　グランジュッテでは、当初、地域のフリーペーパーなどでの広告で集客、自社のショールームで住宅設備を見学、そこで契約を獲得するというビジネスモデルでした。しかし、広告活用だけでは集客がうまくいかないという点を問題視し、ショールームをどうやって活性化するかという課題を見出しました。

　まずは、自社の要素を整理整頓することにしました。

　同社の独自価値を深掘りしていくと、社長自身が女性であり顧客である主婦の視点を理解していること、住宅設備の中でも特にキッチン周りを得意とすることに優位性を見出しました。その優位性を活かすため

に、ショールーム内にある施設で料理を提供できるように改装して、カフェを経営することにしました。

　さらに集客するための仕掛けをこのカフェにも用意しました。一般的な常設のカフェではなく、日替わりでシェフや料理研究家がそのカフェでしか食べることができないランチを提供するという限定感を持たせました。それにより、そのシェフのランチを食べたいというファンたちを、シェフ自らが集客してくれるのです。こうして「料理好き」「食べることが好き」な人たちがショールームにあるカフェにやってきます。

　そのカフェには、社長の厳選したキッチン周りのインテリアが所狭しと並んでいます。美味しいものを食べた料理好きの顧客の中には「私もこんなキッチンで料理がしたい」という人も出てきて、リノベーションを依頼したくなるように設計したのです。

　ここまで述べてきたように、顧客が求める価値は、流し台やインテリアという機能的価値だけではなく、キッチンで好きな料理をつくり大事な人たちと楽しく食べたいという情緒的価値なのです。この顧客価値を具現化したショールームで実際に食事ができるため、成約率も上がるというものです。体験型のコト消費でもあります。

　また、一度来店した顧客には、リピートを促す工夫もしました。具体的にはLINE@というサービスに登録してもらい、今後のメニューなどを告知していくため、顧客は異なるシェフや料理研究家のランチを楽しみに再来店します。

　グランジュッテの場合、最も収益が上がるプロダクトはデザイン性の高い住宅設備です。住宅設備は、リノベーションや新築など顧客が契約をするまでに、自分の趣向や建築士の人柄、価格など多くの事柄を考慮する高関与製品ですから、広告やショールームで一度説明するだけでは契約に至ることが困難です。

　そこで、SNSや広告を組み合わせてショールームのカフェなどを体感

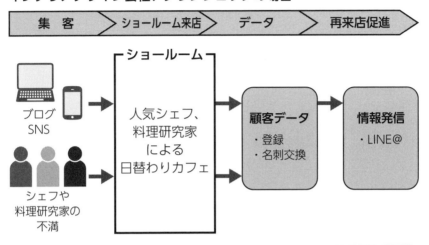

## プラットフォーム戦略

インテリアデザイン会社、グランジュッテの場合

集　客 ＞ ショールーム来店 ＞ データ ＞ 再来店促進

ショールーム

ブログ
SNS

シェフや
料理研究家の
不満

人気シェフ、
料理研究家
による
日替わりカフェ

顧客データ
・登録
・名刺交換

情報発信
・LINE@

日替わりカフェを開くことによって、ショールームへの来店客増に成功

してもらいます。さらに重要顧客層にはまるでインテリア雑誌のような
ニュースレターを送付し、別の機会に再度ショールームに来てもらえる
よう適度なタイミングで周知をして、自社のことを十分に理解して納得
してから、契約してもらえる仕組みになっています。

　顧客の視点では、高単価の建築の契約に至るまでに、料理やキッチン
周りの情報、リフォームに必要な知識といったさまざまな有益な情報を
低コスト（ランチ代）で得られます。そのうえで気に入ればリフォーム
をしてもらうこともできます。

　この顧客の行動と顧客が支払う対価は、初期が低く最終的には多額で
はあるものの有益なプロダクトを購入するというフリーミアムの考え方
に即しています。すなわち、グランジュッテのビジネスモデルは、プラ
ットフォームとフリーミアムの合体バージョンといえます。

このように、限られた経営資源の中で、無理をしてクラウド上にプラットフォームを構築する必要はなく、自社が保有するリアルな場所をプラットフォームとし、LINE@のようなITツールで定期的に再購入の仕組みを入れればいいのです。

グランジュッテの第2フェーズとして、カフェ営業に加えて、キッチンと料理に関連する食材やインテリア用品の物販を開始しました。またそれにともない、ショールームを活用した女性起業家の講師を中心とする勉強会も開催するようにしたため、より幅広い顧客層が来店するようになりました。これもカフェ同様に、講師の先生が集客をしてくれること、さらにプラットフォームとなるショールームで商品を購入してくれるため、さらなる売上にもつながりました。同時に顧客データベースも増えていくことで、グランジュッテ側からのコミュニケーションもとりやすくなったのです。

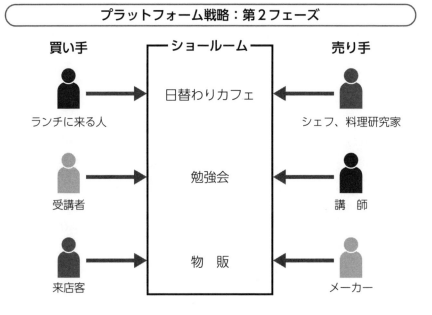

プラットフォーム戦略：第2フェーズ

買い手　　　──ショールーム──　　　売り手

日替わりカフェ

ランチに来る人　　　　　　　　　　　　シェフ、料理研究家

勉強会

受講者　　　　　　　　　　　　　　　講　師

物　販

来店客　　　　　　　　　　　　　　　メーカー

自社の経営課題を明確にし、独自価値を見直しつつ想定顧客層を設定し、集客やリピートを工夫し、独自のビジネスモデルをつくった成功事例といえます。

**Point** **ビジネスモデルで収益を好転させる**───────────

□ビジネスモデルとは、自社独自の価値を見直し、新規顧客を獲得し維持し続ける仕組みのこと

□成功事例を参考に、自社の経営資源を棚卸し、自社の事業の即した仕組みを構築する

□あくまで自社の独自価値を中心にビジネスモデルを構築する

# ISSUE 6-2
# ビジネスモデルのつくり方がわからない

　ビジネスモデルをつくるときに、成功事例をそのまま自社に当てはめようとしても、自社をとりまく環境や、経営資源と規模と種類が異なるため、そのまま実施できるはずもありません。「当てはめて、工夫してみなさい、と言われても……」というのが本音だと思います。

　そこで、整理、気づき、発想の３段階のステップで仕組みを構築していくことを目指します。順を追って考えていきましょう。

## ■自社の経営資源を棚卸しする

　まずは、自社が保有する経営資源を棚卸しして、思考を整理し見える化します。「ビジネスモデルキャンバス（BMC）」など棚卸しの手法は多くありますが、ここでは、顧客視点に特化した棚卸しを通じて、ビジネスモデル構築を目指していきます。

### ①誰に、②何を

　マーケティング活動の基本になる、「誰に（市場）」と「何を（自社プロダクト）」をすべて書き出します（右ページ図参照）。この２つは、自社がカバーできていない潜在的顧客層と、潜在的顧客価値を発見することを目的とするため、それぞれを分けて棚卸しします。

　「誰に」の左の欄には、現在の主要顧客層を、右の欄には主要ターゲット層の周辺やその際に除外したけれど有望でありうる顧客層を書きます。

　「何を」の左の段には、第４章で述べた現在提供しているプロダクトを製品・サービス名ごとに挙げ、右の段には顧客が使用した後に感じる顧客価値を書きます。

## 誰に：顧客想定ワークシート

| | | 主要顧客層 | |
|---|---|---|---|
| 市場 | | 引越、荷物の運送 | |
| セグメント | 属性 | 年齢・性別・職業 | 30〜40代 ファミリー層 |
| | エリア | 地域 | 愛知県・岐阜県・三重県の東海三県在住 |
| | 行動 | ライフスタイル | 家族同居で新築を建てたばかり |
| | 心理 | 価値観 | 高くてもいいから 丁寧に運んでほしい |

| | | 有望顧客層 | |
|---|---|---|---|
| 市場 | | 引越、荷物の運送 | |
| セグメント | 属性 | 年齢・性別・職業 | 三世代同居 |
| | エリア | 地域 | 愛知県・岐阜県・三重県の東海三県在住 |
| | 行動 | ライフスタイル | 三世代で居住中 (あるいは検討中) |
| | 心理 | 価値観 | 家族想い |

### 想定顧客

孫の成長を楽しみにする、おじいちゃん、おばあちゃん

## 何を：自社プロダクトと顧客価値　棚卸しシート

| | 自社プロダクト | 顧客価値 |
|---|---|---|
| 強み | 質の高い引越スキル | 大事な新居を汚さず引越ができる |
| 違い | 細かい気配り | 任せて安心できる |
| 新しさ | 家電も同時に買える | 買いに行く手間が省ける |

| 競合名1 | 相違点 | 類似点 |
|---|---|---|
| 大手A | 大手の信頼感 | 家電購入可能 |
| | 低価格 | スピーディな対応 |

| 競合名2 | 相違点 | 類似点 |
|---|---|---|
| 中堅B | 元気な受け答え | 丁寧な引越し |
| | 家電が購入できない | スピーディな対応 |

さらに、競合とポジショニング、コスト、組織力の３項目を棚卸しすることで、「誰に」と「何を」をより明確に把握します。

以降は、192〜193ページの図を参照してください。

### ③競合とポジショニング

３Ｃ分析を参考に、競合のプロダクト名と類似点および相違点を書き出します（第２章参照）、さらにポジショニングには相対的な自社の優位性を書きます（第３章参照）。

### ④コスト構造

自社プロダクトにかけているコストの中身を、右欄には現在の状況、左側には将来的に想定する追加または削減するコストを書き出します。コストは利益に直結するため、現段階で正確にコスト構造を把握して将来的な収益改善につなげることを目的とします。

### ⑤組織

自社が保有する無形の知的または人的財産を書き出します。たとえば、自社の歴史や社風、企業文化など競合優位につながるであろう利点を、提携先や取引先など社外のビジネス・パートナー、特許やノウハウをもつエキスパートや職人などがあります。マーケティング活動による持続的成長は、競合への優位性の確保が大きな位置を占めます。もっとも他社から見て模倣困難な経営資源は、人的資源です。VRIO分析（30ページ）での結果を書き出せばよいでしょう。

### ⑥気づき

棚卸しができたら、気づきを中段に書き出していきます。この一連の作業の目的は、ビジネスモデルの構築にあるため、現状の顧客獲得と維持が正当になされているかをもとに、現状の仕組みを改善または刷新する新しい仕組みが構築できないかに気づきたいところです。

したがって、ここまで棚卸してきた項目全体を俯瞰し、特に自社の視

点から見た現状と、顧客が希望するであろう将来的な展望のギャップを埋めることができる点を気づきとして挙げていきます。

## ⑦商流

「誰に」という市場に向けて、自社が現在手をつけていない市場はどこなのか、を具体的に、また、その顧客層が将来的に需要を感じるがまだ誰も手をつけていなくて、自社の経営資源で参入できるであろう市場を発見することが気づきになります。

## ⑧顧客コミュニケーション

第3ステップとして、顧客コミュニケーションのプロセスを棚卸します。潜在顧客を見込み顧客にし、販売または契約を獲得し、有料顧客として維持する、という4つのステップに、自社が適切なメディアを配しているか、を棚卸します。ここでは、見える化が目的なので、まずリアルとオンラインの媒体に分けます。

具体的には、種別には広告を出している新聞、雑誌、チラシなどの媒体名や、フェイスブックやツイッターなど投稿しているインターネット種別を書き出します。

リアルの媒体に関しては顧客に届いている可能性や、顧客が購買契約に至るまで、無理なく便利であるかを把握するために、流通している場所、たとえばコンビニやスーパーマーケット、楽天やアマゾンまたは自社サイトでのネット販売や、電話やファックスなどで申し込めるようになっているかなど、顧客の利便性を見える化します。

それに加えて、各媒体にかかっているコストも書き出すことで、全体像を把握していきます。

| ① 誰に〜市場とターゲット | |
|---|---|
| 市　場 | ターゲット |
| 引越<br>荷物の運送 | 質の高い引越を求める層<br>利便性、時短を求める |

| ③ 競合とポジショニング | | ④ コスト構造 | |
|---|---|---|---|
| 競　合 | ポジショニング | 現　状 | 将　　来 |
| 引越企業<br>運送会社<br>宅配便 | 質の高い地域に密着したきめ細かい引越 | 人件費<br>車輌リース | 外部委託も視野に入れる |

| ⑥ 気づき | 誰　に |
|---|---|
| | 価格の安さよりも引越質を求める層は3世代同居に多い |

| ⑦ 商　流 | プロセス |
|---|---|
| | ①ユーザー→自社　②ユーザー→ ポータルサイト<br>不動産企業 →自社 |

| ⑧ 顧客コミュニケーション、顧客対価、販売場所の棚卸 | | | |
|---|---|---|---|
| | | 潜在顧客層 | 見込み顧客層 |
| リアル | 種別 | リーフレット<br>ポスティングチラシ | 営業用カタログ |
| オンライン | 種別 | SEO、他社バナーリンク、<br>ホームページ | YouTube |

スケッチ準備表：引越会社の事例

| ② 何を〜プロダクトと顧客価値 | |
|---|---|
| プロダクト | 顧客価値 |
| 質の高い引越スキル<br>家電／ベッドマットクリーニングも<br>同時に可能 | 気分よく新居に住める<br>質の高い生活を新居で送れる |

| ⑤ 組織 | | |
|---|---|---|
| 自　社 | 外　部 | 知的財産 |
| 引越部と家電販売の2事業 | 大手家電販売企業、ベッド<br>マットクリーニング企業の<br>フランチャイジー | 住替e家電という商標登録 |

| 何　を |
|---|
| 家電コンシェルジュのアドバイスによる引越との同時購入は主婦層に好感される |

| 販売場所 |
|---|
| 自社、自社サイト、提携先企業／サイト |

| 顧客獲得 | 顧客維持 |
|---|---|
| 営業活動 | ニュースレター |
| ホームページ | メールマガジン |

## ■ビジネスモデルを発想し具体化する

　棚卸しを通じて気づきを洗い出したら、次に仕組み化を検討していきます。このときには、新しい仕組みをゼロから構築するというよりも、既存のビジネスモデルを参考に自社の形に仕上げるというステップです。

　具体的には、前述のグランジュッテが、プラットフォームとフリーミアムのコンセプトを融合させ独自の形で提供したように、組み合わせて構築していくのがいいでしょう。

　このときのポイントは、いきなり完璧なものをつくろうとするのではなく、関連部署や同僚、先輩や後輩など、価値観を共有できる人に素案を見てもらい、忌憚のない意見をもらうことです。ここまでのステップは、頭の中にある暗黙知を、棚卸することで形式知として変換し「見える化」しました。それを、第三者に「見せる化」することで、彼らの知識を加える集合知としてより成果につながる知恵にしていきます。

### Point　ビジネスモデル────────────

□ビジネスモデルは経営資源を棚卸しして、気づきを得て、具体的な発想にする３段階で構築する

□ゼロから編み出すのではなく先人の知恵を活用し、既存ビジネスモデルを参考に自社経営資源を当てはめる

# ISSUE 6-3 B to B のマーケティングの ポイントがわからない

　マーケティングの関連書籍の多くはB to C（企業対消費者間取引）について語られていて、B to B（企業対企業間取引）のものは少ないといえます。そのせいか、「マーケティングはB to C向けのものであり、B to Bには関係ない」または「B to Bのマーケティングは営業活動と同じだ」と考える方も少なくありません。B to Bのマーケティングをどのように考えればいいのでしょうか？

## ■基本的な考え方はB to Cと同じ

　この本ではマーケティングを「自社が収益を好転させるために、顧客に独自価値を提供して、自然に売れる仕組みを構築すること」だとして話を進めてきました。その前提に立てば、B to CもB to Bも顧客が消費者なのか法人なのか、という違いがあるだけで基本的には同じです。独自価値を提供することも、仕組を構築して収益を上げることも変わりません。

　B to Bのマーケティングの体系化が少ない理由のひとつは、B to Bでは営業活動をより重視していることが多いからでしょう。

　B to Bのビジネスにマーケティングを取り入れれば、営業効率を大幅にアップさせられます。具体的には、B to Cのマーケティングの考え方を当てはめて、B to Bにカスタマイズしていくことになります。

　ではB to BのマーケティングはB to Cと何が違うのか、という点を考えていきましょう。

## ■B to Bのマーケティング活動のステップ

　まずここまで学んできた、マーケティング活動のステップについて再確認しましょう。①情報収集し、②環境を分析し市場を定義したうえで、

誰に（③ターゲット設定）、何を（④プロダクト開発）、どうやって（⑤コミュニケーション）を考えて自然に売れる仕組みをつくるというステップでした。この５つのステップも基本的には、B to BもB to Cも同じですが、少し変わってくるのは、③顧客（ターゲット）設定と⑤コミュニケーションです。

## ■B to Bの顧客設定

　まず顧客設定では、B to Bの顧客は法人ですから、顧客数は少なくなる一方で、規模は大きくなり、また顧客との関係性はB to Cと比較して「近く」なります。購買のプロセスは情緒的ではなく論理が求められること、稟議や相見積もりが必要になることなど、より高い専門性が求められます（右ページ上図参照）。

　特に重要なことは、「顧客の需要は、顧客自身ではなくエンドユーザー（顧客の顧客）が創造」する点です。したがって、顧客のみでなく、顧客の顧客であるエンドユーザーの需要まで考えて、ターゲットを設定し、その顧客へのマーケティング活動をする必要があります（右ページ下図参照）。

　私のようなコンサルタントの事例で考えてみるとわかりやすいでしょう。引越会社が顧客の場合、引越会社の経営者がクライアントですが、引越会社のビジネスの需要は、引越をする人（クライアントの顧客）が創造しているため、より質の高い提案をするには、コンサルタントはエンドユーザーのことまで考えるのが不可欠です。

　これを前提にして、第３章で考えたB to CのセグメンテーションをB to Bに当てはめてみます。デモの部分は該当企業の業種や売上、歴史などになり、ジオの部分は所在地と考えればいいでしょう。B to Cで、「価値観」と考えたカテゴリーに関しては、「企業としての価値観」と置き換え、保守的かリスクをとるかといった企業文化や将来性を、ライフスタイルのカテゴリーは、意思決定権者のタイプや、意思決定の時の判断基準というセグメンテーションに置き換えればいいのです（198ページ図参照）。

## 顧客：消費者向け vs 企業向けの違い

|  | B to C | B to B |
|---|---|---|
| 顧客数 | 多い | 少ない |
| 規模 | 小さい | 巨大 |
| 関係性 | 遠い | 近い |
| 需要 | 自分 | エンドユーザーから |
| 購入の<br>プロセス | 情緒的 | 論理的<br>専門的 |

B to Bでは、より高い専門性が求められる

## 顧客の需要 B to C と B to B の違い

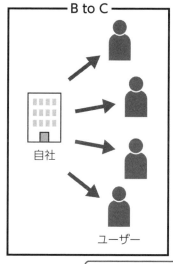

自社

ユーザー

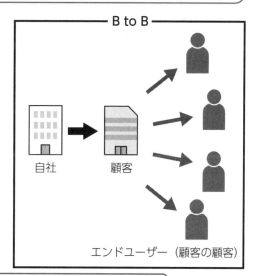

自社　　　顧客

エンドユーザー（顧客の顧客）

顧客だけでなく顧客の顧客の需要まで見る

たとえば、私がコンサルティングの提案をする際のターゲット像は、大手コンサルティングファームの安心感よりも、新しい手法や考え方を積極的に取り入れる斬新な発想を持つ経営者で、スピード感のあるトップダウンで意思決定ができる創業者、ということになります。

　BtoBにおける新規販路開拓の飛び込み営業の事例で考えると、目の前にある100社が入っているビルに飛び込み、最上階からフロアの順に100社回るよりも、自分が得意としている業種をターゲットとして想定し、「ベンチャー企業でWeb関連の企業または旅行関連の企業を先に回る」ようにすることで、目標獲得数を達成するスピードとモチベーションも上がり、ひいては効率的に営業できます。

　BtoBでは、契約獲得のための営業活動が主な手段になることは事実ですが、営業所を出発するまでに行う事前準備に、マーケティングの考

## B to B のセグメンテーション

|  | 消費者向け | 企業・法人向け |
|---|---|---|
| 属性 | 年齢、職業、性別 | • 企業規模・歴史<br>• 現在と将来の売上・顧客コスト<br>• 業界、形態（B to BかB to Cか） |
| 地域 | 住んでいる/<br>働いている場所 | • 顧客企業の所在地 |
| 価値観 | 何を大事に<br>しているか | • 攻略のしやすさ<br>• 将来性<br>• 企業文化：リスクをとるか保守的か |
| 行動 | 普段何を<br>しているか | • 意思決定権者：経営者・事業部長<br>• 相見積もりをとるか<br>• 判断基準：品質、金額、斬新さ |

え方を適用することが重要です。

## ■B to Bの顧客コミュニケーション

次に顧客コミュニケーションについて考えましょう。

想定顧客層が異なれば、その顧客へのコミュニケーションも異なってきます。広告を打ち、認知とイメージを上げることも重要ですが、独自価値をより詳細に伝えることや、顧客ニーズに対応するカスタマイズも必要になってきます。

ここでも、想定顧客に対して、自社の独自価値の存在を伝え、詳細を理解してもらい、より深く知ってもらう仕組みを構築するというステップそのものは変わりません。

下図は、B to Bの顧客獲得から維持に至るコミュニケーションのモデルです。市場から潜在顧客を探し出し、見込み顧客に絞るところまでの流れはB to Cと同じですが、適するメディアはもちろん異なります。ここまでがマーケティングの職務領域です。いざ、商談による契約獲得

### B to B の顧客獲得モデル

| | 潜在顧客層<br>（リード） | 見込み顧客層 | 顧客獲得 | 顧客維持 |
|---|---|---|---|---|
| ネット | SEO対策<br>ホームページ | レポート<br>メルマガ | オンライン<br>での販売 | メルマガ<br>冊子の発刊 |
| リアル | 書籍PR<br>コミュニティ | 無料相談 | システム構築<br>企業研修<br>コンサル | ニュースレター<br>／DM<br>定期勉強会 |

マーケティングの領域　　　　営業の領域　　　CRMの領域

の場面で、営業が登場し顧客のニーズに合わせて社内調整を行うなどのカスタマイズをし、契約をまとめます。この部分が営業部の活動範囲といえます。顧客となった企業に対し、再購入や新規プロダクトの購入を定期的に周知販売することになります。これは次節で説明するCRM活動になります。

このように、獲得モデルとその考え方、最適なメディアを選ぶという点はB to BもB to Cも同じで、使用するメディアが異なるだけなのです。

### ■ターゲットに合わせてプロダクトを開発した医薬品卸売業

第5章でも紹介した、医薬品の卸売業を営む天野商事の事例でB to Bのターゲティングを考えていきます。天野商事の取引先は大きく分けると、ドラッグストア、調剤薬局、一般的な薬局の3つがあります。医薬分業と「かかりつけ薬局化」を推進するという厚生労働省の指針により、天野商事は調剤薬局の重要性を認識しました。

そこで、まずこの3つのカテゴリーの中で調剤薬局向けにプロダクトを開発することを決めました。

次に、通常の調剤薬の卸業務に加え、調剤薬局にできることはないかと考えた末、OTC薬品（一般用医薬品）や化粧品やのど飴などを手間なく販売できる「お任せ什器」を開発し、各営業担当者に目標値を設定して販売しました。

調剤薬局では、従業員が調剤以外の商品を仕入れ・販売するスキルも時間もありません。そこで、手間なく陳列でき、また売れ筋商品の情報や季節ごとの商品入れ替えなども、営業担当者がきめ細かくアドバイスをして商品を納品し、時間とスキル不足の両方を解決して、調剤薬局の売上増にも貢献しています。

### ■B to Bの顧客コミュニケーションの事例：インデックスライツ

企業向け、特に部品などを製造しているB to B企業の経営者たちが集まり、「Protechnology Japan」という雑誌を発行しています。

この雑誌は、すべて英語で書かれており、「自社製品の価値を高める

ために、独自の加工技術や優れたパーツを供給してくれる、優良なサプライヤーを常に探している世界の経営者たち」を想定読者としています。

　日本が誇る最先端で最高レベルの製造業の技術が、かなり詳細にわたって取材されており、自社独自の技術で顧客に何を提供できるかが描かれているのです。記事の構成や内容、そして写真までが、まるで一流ファッション雑誌のようなクオリティであることが、この雑誌の最大の特長でもあります。


　この雑誌を発行している株式会社インデックスライツは、製造業数社が集まり組織された企業です。モノづくり大国の日本を支える経営者たちの集団なのです。

　拠点を名古屋、福井、フランクフルト、シリコンバレー、シンガポールに置き、この雑誌を媒体として自社を含めた日本の製造業を世界に向けて発信していくとのことで、Webサイトも運用しつつ、「雑誌」という紙の媒体をつくっている点が素晴らしい発想です。

　雑誌という媒体は、「電波（インターネット）、電源、デバイス」がなくても読むことができ、さらにこのような質の高い情報を、正確にじっくりと伝えるのに最適な媒体です。

　媒体ごとの特徴を組み合わせて相乗効果を出し、成果につなげることが求められます。その意味でもこの雑誌とWebの組み合わせはB to Bの企業を取りまとめている「Protechnology Japan」のビジネス特性にマッチしている素晴らしい組み合わせだといえます。

　製造業 B to B のマーケティングとビジネスモデルのつくり方として、参考にすべき点は、この雑誌が世界6000社の企業に配付され、「うちの会社に応用できるな」と感じた企業は、「Protechnology Japan」または掲載企業にコンタクトをして、ビジネスが始まるという流れをとっている点です。

　このようなビジネスモデルは、効率化、そして仕事の質を上げるという意味で、非常にユニークで効果的です。

　部品メーカーなどの製造業では、自社の技術を活かしてもらうために

取引先に詳細まで理解してもらう必要があります。さらに動画や雑誌広告を一度見たからといって、すぐにレスポンスがあるとは限りません。しかし、この「Protechnology Japan」には、掲載企業の特質や製品の内容がくわしく掲載されているため、自社の製品の生産技術に関して応用できそうであればコンタクトをとりたくなるし、さらには、サンプルまで入手できる仕組みにもなっているとのことです。

　日本が誇る製造業は何年も前から過渡期にあるといわれています。私見ではありますが、多くの相談を受けていると、高い技術力ゆえに自社のビジネスを狭く定義しすぎている企業が多いと感じられます。たとえば「うちの会社はクルマの部品をつくってきたんだから、航空機産業になんか進出できない」という発想が象徴的で、既存の価値観や固定観念に固執すると画期的な発想が出てきません。他業界への営業展開は容易ではありませんが、少なくとも心理的には柔軟であることが求められます。この雑誌「Protechnology Japan」の発想は、これからのB to Bのマーケティングコミュニケーションのあり方を先取りしていく素晴らしい媒体であり、ビジネスモデルだといえます。

**Point** B to Bにもマーケティングを取り入れる────────
□B to BとB to Cのマーケティングの基本的な考え方は同じ。少し変
　わってくるのは「ターゲット設定」と「コミュニケーション」
□B to Bでは顧客の需要は、顧客自身ではなくエンドユーザー（顧客
　の顧客）が創造することをふまえてマーケティングを考える

CRM

# 顧客データをどう活用すればいいのか わからない

顧客情報をもとに顧客との適切なコミュニケーションを通じて顧客との関係性を強化し、顧客を維持し、離反を防止すること。これを「**顧客関係性のマネジメント（CRM＝Customer Relationship Management）**」と呼びます。ここでは、必要な顧客データの種類と、その活用方法、そして注意点を理解しましょう。

## ■既存顧客のリピート購入促進

リピート購入（契約更新）をしてくれる顧客は企業にとって最重要な優良顧客です。また、一度購入してくれた顧客には自社のことを知ってもらう必要がないため、新規顧客獲得よりもマーケティングコストが低くて済みます。

一方で、顧客は企業が想定するほど、企業のことを意識していないため、何もコミュニケーションをとらなければ、忘れられてしまいます。適切なタイミングと頻度で顧客に有益な情報を伝え続けることで、顧客は企業を思い出し、リピート購入につながります。

次ページの図は、横軸が既存顧客と新規顧客、縦軸が既存プロダクトと新規プロダクトを表しています。

既存顧客に既存プロダクトの継続購入を促すときには、顧客は、自社のこともプロダクトもすでに知っているため、認知させるためのマーケティングコストは不要です。

売上が下がったときには、どうしても新規顧客を獲得したくなるものですが、最も重視すべきは、確実に売上に貢献してくれる既存顧客のリピート購入です。継続性の強いサプリメントのような商品や、インターネット接続、ケーブルテレビの会員ビジネスなどの業界では、同じ商品の再購入だけでなく、長年継続割引などを提供して顧客の離脱を防止す

## 顧客の種類とアプローチ

| | | 顧 客 | |
|---|---|---|---|
| | | 既 存 | 新 規 |
| プロダクト | 既存 | VIP＝ファン<br>**リピート（継続）購入・<br>最重視** | 既存顧客からの<br>**紹介・口コミ** |
| | 新規 | 価値を伝える<br>**ニュースレター** | 一番困難<br>**優先順位を下げる<br>タスクフォースを編成** |

る策を重視します。

　既存顧客に新規プロダクトを販売するときには、新規プロダクトの価値のみを伝えることになります。新規顧客を獲得するよりも相対的にマーケティングコストは少なくて済みます。したがって、自社のラインナップから、既存顧客が欲しくなりそうなプロダクトをおすすめすれば、買ってもらえる確率は高くなります。

### ■なぜ、アマゾンでは「つい買ってしまう」のか？

　ではどのようにして、既存顧客が欲しがりそうなプロダクトを、見つければいいのでしょうか？　顧客が自社プロダクトを購入したときにとる「行動」と「購買履歴」から、「タイプ別の顧客が購入する確率の高いプロダクト」を類推してすすめればよいのです。

　私がアマゾンにログインすると、買ったことのないマーケティング関連書が多数すすめられます。

　アマゾンが私の購買履歴や検索履歴から、「マーケティング本が好きだろう」と推測します。そしてマーケティングの本AとBを買ったことがある人たちが買ったことがあり、私が買ったことのないマーケティングの本Cを「この商品を買った人たちはこんな商品も買っています」と

推薦してきます。これは「レコメンデーション機能（協調フィルタリング）」というシステムによって表示されているのですが、この表示によって顧客たちはつい買ってしまうわけです。

　アマゾンは、1995年にアメリカでサービスを開始しました。当時、数多くのインターネット通販の企業が群雄割拠していましたが、多くが淘汰された中で生き残り、業界第一のポジションをアマゾンが保っていられるのは、「顧客中心主義」という理念のもと、「あなたが一番欲しいものを多くの選択肢の中から推薦するインフラを提供する」というコンセプトがあるからです。

　ここでも、顧客心理をうまくつかんでいることが見受けられます。

## ■すかいらーくのデータ分析の事例

　すかいらーくの各店舗で貯まる「Tポイント」の事例で考えてみましょう。Tポイントは、条件に応じて、ポイントを貯めることができ、使えるプログラムです。

　ユーザーの視点から見れば、ちょっとした小遣いが貯まる感覚で、貯まったポイントを使うことができるのがベネフィットです。企業側から見ると、ユーザーが「いつ、どの店舗で、何を、どれだけ買い、いくら使ったか？」という情報を入手でき、そのユーザーの個人情報と合致させることができます。

　つまり、自社の顧客に関するプロフィールや購買状況などのデータを収集、分析し、意思決定に反映する「ビッグデータ分析」に使えるのです。

　すかいらーくグループを例にとると、ガストなどの各業態で飲食をしたお客様が、「いつ、何を食べ、いくら使ったか」を把握できます。

　このデータを分析し、各業態の店舗での消費がどのような傾向にあり、どのようにシフトしていくかを推測し、メニュー開発や価格にまつわる意思決定に活用するのです。

　ある記事によれば、すかいらーくでは、顧客のメニューの選択内容、購買金額などを総合的に分析し、ここ最近のトレンドとして節約志向の

強まりをデータ分析で確認し、メニューの8割を入れ替えることを決定。価格据え置きで、ハンバーグを増量、500〜600円の値ごろ感のあるメニューを充実させた、とのことでした。

## ■自社の顧客の情報を蓄積する

アマゾンやすかいらーくの施策の何を参考にし、何を取り入れるべきでしょうか？　レコメンデーション機能やTポイントカードを導入でき、ビッグデータ分析ができる体力がある企業ならともかく、やはり導入とその維持に多大な投資が必要です。

したがって、この顧客の購入情報を蓄積したデータをマーケティングに活用するという考え方をベースに、自社の規模に合ったデータ分析をすればよいでしょう。

たとえば、顧客名簿を見直し、エクセルなどの表計算ソフトに顧客情報を入力します。そして、顧客の購入状況（B to Bの場合は契約状況）を、「いつ、何を、いくら買ったのか」を入力し、ある程度データの母数が集まってきたら、個数や購入金額の増減の傾向を見てみましょう。

景気がよくない時期に、購入金額が減っていれば、それは節約志向に入った傾向がある、というサインなので、「お買い得感」のあるメニューや商品を充実させることを考えてみます。

増加傾向にあれば、自社の戦略が奏功しているか、景気が上昇していることが推測されるので、強気の価格設定、メニュー構成にする、といった具合に、シフトさせていくといいでしょう。

KKD（勘・経験・度胸）はとても重要なのですが、それだけでは十分ではなく、このような数字での判断があると、意思決定に客観的な根拠を持つことができ、鬼に金棒になります。

気をつけたいのは、データの結果を過信し自社プロダクトの質にマイナスになるように反映しないことです。節約志向だからといって、安かろう悪かろう、という形でプロダクトの質を落としてはいけません。顧客は正直でかしこいので、品質の低いプロダクトでは、いくら安くてもリピートしなくなってしまいます。「安いのがいい」のではなく、「この

価格でこの品質」という感覚に、お客様になってもらうことが重要です。

## ■レコメンデーション機能を活かすポイント

　中小企業には、アマゾンのように自社でレコメンデーション機能を開発し、運用する時間も資源もないため、このコンセプトを参考に、顧客が欲しいと思われる新規プロダクトを推測すればよいのです。

　前述の引越一番では、引越事業に加えて、ベッドマットクリーニングのサービスもしています。引越は一度すると、次の引越がいつになるかがわかりません。そもそももう引越をしない人も多いので、引越を一度した顧客に提供できる商品になるわけです。

　これまでの顧客の引越履歴から、どんな顧客層がベッドマットクリーニングを依頼してくるのかを類推します。具体的には、地域、取扱い金額、間取り、世帯人数などの項目を組み合わせ、「20万円以上の引越をした愛知県名古屋市の東部の4部屋以上ある住宅地に住む4人家族」などとなります。このような複数の顧客像を過去の購買履歴から割り出し、顧客におすすめするわけです。

　企業にとって一度プロダクトを購入したことのある既存顧客はきわめて重要な存在です。購入情報を蓄積することによって、おすすめ商品を提案するなど、何度もリピートしてもらえるように工夫しましょう。

---

### **Point** CRMを導入する────────────────

□ リピート購入を促進するには顧客とのコミュニケーションを継続することが重要
□ 顧客情報をリスト管理して正しく把握し、顧客タイプごとに適切なコミュニケーションをとる

# ISSUE 6-5
## ブランド・マネジメントのポイントがわからない

　ブランド・マネジメントとは、「生活者にポジティブな連想をさせるための仕組みをつくること」です。具体的には、ブランディングとブランド・プロミスの2つによって実践していきます。

### ■ブランディングの理想はDM一通で買ってもらえる関係

　ブランディングの語源は、牛のお尻に押す「焼印」からきています。昔、牛を放牧していると、「どの牛がうちのマイクで、どの牛が隣のジェーンかわからない」ということがあったために牛のお尻にジュッと焼きごてで印をつけて見分けていたことに由来しています。「見ただけでわかるようにする」ことがブランディング（焼印）なのです。

　ルイ・ヴィトンや、コカ・コーラやマクドナルドのロゴなどは、一見すればすぐに識別できます。

　しかし、カッコいいロゴをつくったり見た目だけをよくしたりするのがブランド構築ではありません。

　樹木にたとえると、ロゴや広告表現のようなブランディングは地面の上の葉に当たります。目に見える手法や戦術は星の数ほどの種類があり、多くの企業や人は手法に振り回されてしまいます。

　根元に当たる、自社ブランドを「誰に」「どう」見せ、顧客に何をしてほしいのかという「戦略」がしっかりしていないと、ターゲット層の目に見えているアプローチの部分、すなわち「戦術」がすべてぶれてしまうのです。

　ある高級ブランドのパリ本店では、よく購入してくれる上顧客は来店することはあまりなく、新作を発表するDMで購入するといいます。つまり、一通のDMで買ってもらえる「顧客との関係」ができているわけです。これにより、マーケティング的な努力をすることが減り、ひいて

は、販売促進のためのコストを削減できます。

　これは、理想的すぎるともいえる例ですが、DM一通だけで自社プロダクトの価値を見出し購入してもらえるような関係性をつくることこそ、ブランド・マネジメントの目的なのです。

　ブランド・マネジメントは売上の拡大、コストの削減に寄与することになるため、マーケティング活動の中でも非常に重要な位置を占めます。

## ■ブランド・プロミスはお客様への約束

　もう一点重要なブランド・プロミスとは、文字どおり「ブランドからお客様への約束」のことです。ロゴを見ただけで「ルイ・ヴィトン」だと社名やブランド名が認識されるのと同時に、「高級で洗練されたデザイン」とか「耐久性のあるバッグ」という品質や持ったときの顧客価値（イメージ）が頭に浮かびます。この顧客価値が、ルイ・ヴィトンがお客様と交わす約束（プロミス）だといえます。

　ヨーロッパのクルマなどはわかりやすく、ポルシェでいえばスポーティだな、メルセデス・ベンツでいえばラグジュアリー、ボルボでいえば安全・安心という、それぞれのメーカーが提供する顧客価値が「ロゴを見ただけで」イメージできます。この約束があって初めてブランドがいい意味で認識されることになります。

## ■ブランドを構築するには？

　つまりロゴやデザインをつくり込むブランディングと、ブランド・プロミスが一体となって初めて「ブランド・マネジメント」を運用していくことができます。

　ステップとしてはまず、以下の3段階を踏んでいきます。
①自社プロダクトのカテゴリーがターゲットに認識されているか？
②競争相手との差別化ができているか？
③ポジティブなリアクションをお客様から得ているか？

　①から順に確認し、できていれば次のステップへと進み必要なアクションをとります。そして最終的な目標は、顧客との良好な関係性を構築

し維持していくことにあります。ブランドを構築し「見た目の価値」も上がり、お客様から競合他社と明確に区別されるようになると、お客様が使用した時の満足度も上がり、顧客から自社ブランドへの**ロイヤルティ（忠誠心）**が上がります。そうなると、ブランドスイッチ（競合ブランドへの浮気）を防ぐこともできるために、自然な形で収益が好転していくという好循環が生まれ、顧客との良好な関係を構築できます。

　スターバックスはわかりやすい例です。事業コンセプトである「第3の場所」の提供が自社ブランドの顧客への約束になります。

　ブランドが浸透してくると、単にロゴマークを覚えてもらうことのみでなく、深煎りの美味しいコーヒー、お客様への丁寧な対応、ゆったりとした店内の雰囲気などが、同じような事業形態のコーヒーショップとの大きな差異化・独自化ポイントになっています。そのブランド・プロミスがそのまま、顧客が感じる価値になっています。

　そうなると価格競争に巻き込まれることなく、ブランド価値によって顧客の継続購入につながります。

　ブランドを考える際には、ぜひブランディングのみでなく自社が顧客に提供できる「ブランド・プロミス」を徹底的に考え抜いて、ブランドをマネジメントしてください。


　自社ブランドをマネジメントしていく際には、自社の独自価値をもとに、想定顧客層に対しビジネスチャンスがあるかどうかを分析します。

　その際に、セグメンテーションの4つの切り口（第3章）に加えて、顧客のブランドへのロイヤルティによって、ターゲット層を切り分けていき、自社ブランドのパフォーマンスを測定します。

　たとえば、
・自社ブランドに強い忠誠心を持ち、浮気しない
・自社ブランドに忠誠心があるが、たまに浮気する
・他社ブランドに強い忠誠心を持ち、浮気しない
・他社ブランドに忠誠心があるが、たまに浮気する
　というように切り分けることができます。

この忠誠心が高ければ高いほど、自社のブランドを気に入ってもらっていることになり、競合へのブランドスイッチは少なくなります。忠誠心が強い顧客のことを「**ロイヤル・ユーザー（カスタマー）**」と呼びます。ブランドをより強いものにしていくために、「自社ブランドのロイヤル・ユーザーにさらなるサービスをすべきか」「いまは自社ブランドのユーザーだがブランドスイッチをする傾向のあるユーザーに歯止めをかけるのか」といった戦略を構築していきます。

　自社ブランド全体のロイヤル・ユーザーの中にも、プロダクトごとのシングルブランドユーザーと、複数ブランドユーザーが存在します。
　コカ・コーラを例にとれば、「コカ・コーラ ゼロ」しか飲まないシングルブランドユーザーと、コカ・コーラ関連の製品なら「ゼロ」だけでなく「ライト」や普通のコーラまで何でも愛飲する複数ブランドユーザーといった具合です。自社全体の目標が違えば、狙うべきターゲット層も異なり、それにともなってとるべき戦略も異なるので、コミュニケーション上のメッセージやメディアも異なるものにします。
　重要なことは、ロイヤルティの強さによる分け方（セグメンテーション）の存在をはっきりと認識することです。ユーザーの本音（インサイト）を発見した段階で、ターゲットグループごとに、ブランドへのロイヤルティでの切り口を加味できると、それぞれにより刺さるメッセージを開発でき、メディア選択においても、効果的・効率的に届けられることになります。

## ■山形県の「つや姫」に見るブランドの構築手法

　ブランド米、と聞いて思い浮かべるのが、秋田県の「あきたこまち」、富山の「コシヒカリ」、北海道の「ゆめぴりか」などが有名です。近年、話題になっているのが、山形県の「つや姫」です。お取り寄せランキングサイトでは、上位に入る人気で、通販サイトの楽天でも、米ランキングの上位を独占しています。
　私は料理が趣味なのですが、興味を持ち始めてまもないころは、米は

どれも同じだと思っていました。日本人にとって主食である米はほぼ毎日食べるし、色や形もほぼ同じと思い込んでいたのです。ところが、料理も手馴れてくると、スーパーで米を買うときに、いろいろな銘柄があり、もちろん価格もさまざまだということに気づいたのです。そして、何よりも「味」がまるで違うのです。しかし、味は食べてみなければわかりません。見た目だけの勝負ではないのです。

　ではなぜ、毎日食べる同じ米なのに価格が違うのでしょうか？　いまでは、牛肉でも神戸牛や松阪牛というブランドもあれば、豚肉も鶏肉もブランドがあります。肉でいえば、銘柄のない通常の牛肉を100g400円とすると、神戸牛などのブランド牛は、同じ部位・同じ重量でも、倍以上もする1000円くらいの価格で販売されています。人はこの差額の600円の「何に」お金を支払うのでしょうか。もちろん、多くある要素の中で、この差額は「付加価値」であり、この付加価値を「ブランド力」と呼ぶことができます。

### ■「つや姫」のブランド資産

　ブランド論の第一人者であるアーカーは、よいブランドは、①認知度、②知覚価値（品質）、③ブランド連想、④忠誠心、⑤その他のブランド資産、という５つの資産を持つと『ブランド論』（ダイヤモンド社）で述べています。

　まず、人は知らないものを買わないので、「認知度」は重要な資産です。プロダクト名が正しく認知されていて、想起されることが重要です。また、そのカテゴリーで思い出してもらえれば、購買につながる確率は高まるわけですから「ブランド連想」も重要です。また、ブランドの品質が高い、とひと目でわかることで、ブランドの価値が高まります。「知覚品質」とは、自社からの視点ではなく、生活者から見た視点での品質のことです。

　ブランド連想とは、「ああ、このブランドはほかのブランドと比べて、私の好みに近い」と連想をしてもらえるかどうか。ブランドと想定ターゲットとの間の距離感のようなもので、近ければ近いほど、「選ばれる」

ということになります。

　「つや姫」は、ブランド認知度を上げるために、2007年から、デビューに向けて、３ヵ年戦略を策定しました。このブランド化戦略を実行するために、「つや姫ブランド化戦略実施本部」を設置し、山形県をあげての活動を開始しました。「つや姫」というわかりやすいネーミングも、認知度向上に一役買っていることも見逃せません。現在でも、テレビCMでは、人気タレントや、有名な料理人を起用し、話題性をつくり、継続して認知度をキープする努力を続けています。

　くわえて「つや姫クラブ」というコミュニティを立ち上げ、試食会の様子などをブログにアップしています。その中でマイスターと呼ばれる人たちへのインタビュー記事を多く掲載することで、第三者からの評価（カスタマーレビューのようなニュートラルな意見）によって、ブランド連想を強化しています。日本穀物検定協会におけるランキングでも、参考銘柄とはいえ、上位入賞し、知覚品質の見える化もされています。2018年秋には弟分と称する「雪若丸」を出す予定であり、さらなる話題を提供して、ロイヤルティの高いユーザーへの、ブランド再活性化も怠りません。

### ■ブランドは小さな努力の積み重ねでつくられる

　「つや姫」から学ぶべきことは多くあります。まず、ブランドは一朝一夕で構築されるものではないということです。ブランドとは、カッコいい広告や、質の高いロゴだけではなく、小さな努力の積み重ねの結実であることを、まず認識したいものです。

　そして、自社ブランドが持つ５つの資産を意識し、認知度は十分か、知覚的品質は足りているのか、想定ターゲット層に、正しくポジティブに連想されているか、そして何より、ファン層が忠誠心を持って浮気しないでいてくれるかを常にチェックし、良ければ伸ばす、悪ければ改善する、を繰り返せばよいのです。

**Point** ブランドを構築する

□ブランディングは小手先の戦術論ではなく、戦略を固めることが重要

□ブランド化できれば顧客はリピート購入してくれるので、売上が上がり販促やマーケティング費用を低減できる

□「ブランド・プロミス」とは顧客に提供する価値を約束すること

□ブランド資産（①認知度、②知覚価値、③ブランド連想、④忠誠心、⑤その他のブランド資産）を常にチェックし改善を怠らない

# おわりに

　本書では、マーケティングとは「自然に売れる仕組みをつくる」ことであり、その仕組みをつくるためには「誰に」「何を」「どうやって」という切り口で課題を整理することが大事だと説明してきました。

　このような社外に向けるマーケティング活動を「エクスターナル・マーケティング」と呼ぶのに対し、社内に向けてのマーケティング活動を「インターナル・マーケティング」と呼びます。
　インターナル・マーケティングは自然に売れる仕組みをつくるうえでもきわめて重要なものです。社内の関係者を巻き込むことによって、マーケティング施策を実施することができるからです。

　ところが、社内の関係者を巻き込むことは、容易なことではありません。私自身の会社員時代の実務経験のなかでも、思うように社内の関係者を動かせないことがありました。
　たとえば、財務・経理部門のマネジャーとは、どんなに議論を交わしても、相容れないこともよくありました。
　「今度の新製品の市場導入にはテレビCMが必須だから、10億円の予算が必要だよ」と私が主張すると、財務・経理部門のAさんは「そんなお金、どこから調達してくるの？　アメリカ本社から追加で2億円はもらわないと足りないよ。そもそもテレビCMって本当に必要なの？」と切り返します。「いや、でも競合と比べると認知度がまだ全然足りないので、どかんと花火を上げたいんだ」と反論すると、「でも、ない袖はふれないから、今回は新聞広告にとどめておいたら」と向こうも応戦するといった具合です。
　私もAさんも、会社の業績の向上を同じように願っているのに、このギャップはどこから来るのか、このギャップをどうやって埋めればいい

のかをいつも考えていました。

　「はじめに」でマーケティングへの認識がバラバラであることにふれましたが、これは社内においても同じことなのです。企業や業界によってマーケティングの施策は異なって当然ですが、企業と経営陣が、マーケティングをより深く理解して、重要と認識し全社が同じ方向を見ていれば、従業員のモチベーションも上がり、仕事にやりがいが出る。ひいては、結果の向上につながることは間違いありません。

　そのために、経営者やマーケティング担当者は、社内全体にマーケティングの重要性を理解させるインターナル・マーケティングが大切なのです。

　自分が正しいと思うマーケティング企画を実施するには、まず上司への説得が不可欠です。さらに広告や販促の予算が必要になるため、財務・経理部のマネジャーの理解とその承認が必要です。同じようにWeb系のプロモーションなら、システム部の協力が必要ですし、最前線で戦う営業の協力がなくては、モノが売れるはずもありません。
　そもそも、他部署の人たちに対して、マーケティングの教科書どおりに、「３Ｃ分析では……」「セグメントやポジショニングは……」などと話し始めても、拒否反応が起きることは目に見えています。私の経験を振り返っても、上司や経営陣、営業の責任者に、このような方法でマーケティングの重要性を理解してもらう手法は、かえって逆効果であることが大半でした。

　ではどうすればいいのでしょうか？
　他部署の人は、所属する部署の担当職務における結果の向上を目指しているのですから「マーケティングをしたら、自分たちにどんなメリットがあるのか？」という具体例を数字とともに明示し、結果が向上することをわかりやすく説明する必要があります。

その説明をするためにも、本書でも繰り返し述べてきた基礎になる「原理原則」をまずは自分が十分に理解することが不可欠です。そして、得られる結果を明確にしたうえで、どのようなプロセスで物事を進めていくかというマーケティングのアプローチを説明すればいいのです。つまり、「結果の好転が先、マーケティングのアプローチは後」という順番を意識して、理解してもらいましょう。

　結果向上に向けて他部署を含めた社内に自社プロダクトのマーケティングプランを浸透させる際には、他部署の機能を理解したうえで進めることで企業の全体最適を目指す、これこそがマーケティングの実務担当者が目指すべき目標です。

　私は、マーケティングに30年以上携わってきて、自社のプロダクトが世の中の人たちに愛され、使われることの重要さと楽しさを知りました。現在、私の会社では「すべてのビジネス・パーソンに、マーケティングの重要さと楽しさを伝える。」を経営理念に活動をしています。

　この本をお読みいただき、また、この中でひとつでも実践し、成果につなげ、マーケティングの大切さと楽しさを実感してもらえれば、著者としてこれ以上の喜びはありません。

# 索　引

**理央　周**（りおう　めぐる）

マーケティングアイズ株式会社代表取締役。
本名、児玉洋典。1962年生まれ、静岡大学人文学部経済学科卒業。
大手自動車部品メーカー、フィリップモリスなどを経て、米国インディアナ大学にてMBA取得。アマゾン、マスターカードなどでマーケティング・マネジャーを歴任。2010年に起業し翌年法人化。収益を好転させる中堅企業向けコンサルティングと、従業員をお客様目線に変える社員研修、経営講座を提供。2013年から2017年まで、関西学院大学専門職大学院経営戦略研究科で准教授として教鞭をとる。著書に、『「なぜか売れる」の公式』『8割捨てる! 情報術』（ともに日本経済新聞出版社）、『仕事の速い人が絶対やらない時間の使い方』（日本実業出版社）などがある。

課題解決につながる「実践マーケティング」入門

2017年11月1日　初版発行

著　者　理央　周　©M.Rioh 2017
発行者　吉田啓二

発行所　株式会社日本実業出版社　東京都新宿区市谷本村町3−29 〒162-0845
　　　　　　　　　　　　　　　　大阪市北区西天満6−8−1 〒530-0047
　　　　編集部 ☎03−3268−5651
　　　　営業部 ☎03−3268−5161　　振　替　00170−1−25349
　　　　　　　　　　　　　　　　　　http://www.njg.co.jp/

印刷／理想社　　製本／共栄社

ISBN 978-4-534-05533-0　Printed in JAPAN

# 価格の心理学
## なぜ、カフェのコーヒーは「高い」と思わないのか?

リー・コールドウェル 著
武田玲子 訳
定価本体1600円(税別)

「価格」をテーマに、ポジショニングやPRなど多様な商品戦略を解説する書。期待の新ドリンク「チョコレートポット」は、絶妙な価格戦略で、ロイヤルカスタマーを獲得できるのか!?

# 売上につながる
# 「顧客ロイヤルティ戦略」入門

遠藤直紀+武井由紀子
定価本体1800円(税別)

なぜ顧客満足は「お題目」で終わるのか?顧客の行動心理を定量・定性データで分析し、顧客満足が売上に直結するアクションを導く方法論を徹底解説。経営を変革する時の羅針盤となる一冊。

# 「それ、根拠あるの?」と言わせない
# データ・統計分析ができる本

柏木吉基
定価本体1600円(税別)

データ集めからリスクや収益性の見積り、プレゼン資料作成までのストーリーを通し、仕事でデータ・統計分析を使いこなす方法を紹介。日産OBで実務に精通する著者による、現場の「コツ」が満載。

# キャッチコピー力の基本
## ひと言で気持ちをとらえて、離さない77のテクニック

川上徹也
定価本体1300円(税別)

「言葉の選び方、磨き方、使い方」を、わかりやすく解説。名作コピーを中心にした「普通→見本」のフォーマットによって、「刺さる、つかむ、心に残る」コピーのつくり方が身につく。